임동석중국사상100
중용
中庸

朱熹 集註 / 林東錫 譯註

"상아, 물소 뿔, 진주, 옥, 진괴한 이런 물건들은 사람의 이목은 즐겁게 하지만 쓰임에는 적절하지 않다. 그런가 하면 금석이나 초목, 실, 삼베, 오곡, 육재는 쓰임에는 적절하나 이를 사용하면 닳아지고 취하면 고갈된다. 그렇다면 사람의 이목을 즐겁게 하면서 이를 사용하기에도 적절하며, 써도 닳지 아니하고 취하여도 고갈되지 않고, 똑똑한 자나 불초한 자라도 그를 통해 얻는 바가 각기 그 자신의 재능에 따라주고, 어진 사람이나 지혜로운 사람이나 그를 통해 보는 바가 각기 그 자신의 분수에 따라주되 무엇이든지 구하여 얻지 못할 것이 없는 것은 오직 책뿐이로다!"

《소동파전집》(34) 〈이씨산방장서기〉에서 구당(丘堂) 여원구(呂元九) 선생의 글씨

책머리에

〈중용〉은 〈대학〉과 함께 원래 《예기禮記》 제31과 42에 실려 있는 한 편씩의 독립된 문장이다. 따라서 원래부터 낱권의 독립된 책으로 전해 오던 것은 아니었다.
《예기》는 고대 오경五經 중의 《예禮》였으며, 한대漢代에 이르러 소위 「삼례三禮」라 하여 《주례周禮》, 《의례儀禮》, 《예기》로 분화되었고, 송대 이후 모두 십삼경十三經에 열입되었다. 그 중 《예기》는 체계를 갖추지 아니한 채, 학술·예속禮俗 등 잡다한 내용을 모은 것으로 공문 70제자들과 그 후학들이 기록한 것을 모은 것이라 보고 있다. 《예기》는 《소대례기小戴禮記》와 《대대례기大戴禮記》가 있으며, 오늘날 우리가 말하는 《예기》 49편은 바로 《소대례기》를 가리킨다. 즉 대덕戴德, 大戴이라는 사람이 고례古禮 204편을 85편으로 줄인 것이 《대대례기》이며, 대성戴聖, 小戴이 달리 이를 49편으로 줄인 것이 《소대례기》, 즉 지금의 《예기》이다. 따라서 〈중용〉과 〈대학〉은 소성(소대)이 정리하여 전수한 것이다.

이를 남송 주희朱熹(1130~1200)가 그 두 편을 뽑아 《논어》, 《맹자》와 묶어 '사서四書'라 하면서 장구집주章句集注를 지어 편정編定함으로써 세상에 널리 중시를 받게 되었다. 그 후 이 사서는 사림士林의 필독서가 되었으며, 송대 이후 원·명·청을 거치면서 과거 과목으로 채택되었고, 지금도 경학입문의 가장 중요한 위치를 차지하고 있다. 특히 〈중용〉은 성性을, 〈대학〉은 심心을 다룬 것으로서 당대唐代 이후 송대 이르러 성리학性理學의 대두와 함께 가장 적합한 연구 교재로 「용학庸學」이라 불리며 그 자리를 잡게 된 것이다.

〈중용〉은 자사子思(孔伋, 공자의 아들 孔鯉의 아들. 즉 공자의 손자)가 지은 것으로 보고 있다. 《사기》 공자세가와 정현鄭玄의 〈목록目錄〉, 그리고 공영달孔穎達의 《예기정의禮記正義》에 모두 이를 인정하여 이의를 달지 않았다.

〈중용〉은 공문孔門의 최고 경지인 인생철학서이다. 성誠·도道·교敎 세 가지를 근본으로 하고 있으며, 이에 성을 바탕으로 천하 대본大本을 세우는 것을 중中, 천하 달도達道를 실행하는 것을 화和로 하여 '치중화致中和'의 경지에 이르러야 한다는 것이다. 이에 "성이란 하늘의 도이다. 그러나 이를 정성스럽게 실천해야 하는 것은 사람의 도이다"(誠者, 天之道也. 誠之者, 人之道也. 20장)라 갈파한 것이다.

이에 주자朱子는 문장 전체를 다시 33장으로 세분하여 천명天命·솔성率性·수도修道 등의 문제를 장章과 구句로 나누어 각각의 주석을 모으고 자신의 의견을 가미하여 풀이한 것이다.

〈대학〉은 증자曾子와 그 문인, 혹은 자사(공급)가 지었다는 두 가지 설이 있으며 지금도 확정되지는 않았다.

내용은 유가의 가장 뛰어난 정치철학을 담은 것으로 흔히 「삼강령三綱領」과 「팔조목八條目」, 「본말종시本末終始」로 나눌 수 있다. 「삼강령」은 '明明德'(명덕을 밝힘)·'親(新)民'(백성을 친히(새롭게) 함)·'止於至善'(지극한 선을 최고의 경지로 여김)이며, 「팔조목」은 '격물格物·치지致知·성의誠意·정심正心·수신修身·제가齊家·치국治國·평천하平天下'의 8가지 순서와 덕목이다. 그리고 「본말종시」란 사람을 일깨우는 순서이며, 동시에 자신의 구학求學의 단계로써 '物有本末, 事有終始'(만물의 본말이 있고 만사는 끝과 시작이 있음)를 말한 것이다.

주자는 이에 《예기》 속의 이 문장에 대하여 순서를 바로잡고 그 내용에 맞추어 「경經」 1장(삼강령, 팔조목 및 사유본말의 총론으로 공자의 말이라 보았음)을 앞에 제시하고 이어서 그 하위 개념을 10가지로 나누어 「전傳」(증자의 뜻이며 그 문인이 기록한 말로 보았음)으로 풀이하였다. 따라서 《예기》 속의 〈대학〉과는 그 문장 순서가 다르다.

당연히 우리나라에서도 이는 한학漢學의 기본이며 모든 학습의 주된 교재였고, 조선시대 과거시험의 필수 과목이었다. 그리고 언필칭 우리는 '수신제가'를 입에 올리고 있다. 그만큼 수양서로서, 그리고 한학 학습서로서의 가치를 인정받아 왔으며, 어느 집이나 이를 소장하고 읽고 외워 왔다.

이에 이 두 문장을 하나로 묶어 주자의 집주를 근거로 정리하여 일찍이 이 책으로 내게 되었으며, 지금 전체 동양고전 완역총서에 다시 수정판을 묶어 내게 되었다.

무엇보다 눈으로 읽을 책이 아니라 마음으로 이를 터득하도록 요구하는 내용이다. 그 때문에 "마음이 거기에 있지 아니하면 보아도 보이지 아니하고, 들어도 들리지 아니하며, 먹어도 그 맛을 알지 못한다"(心不在焉: 視而不見, 聽而不聞, 食而不知其味. 7장)라 하였던 것이다.

이제 마음으로 이를 읽어 보자. 그리고 나의 삶을 풍부히 할 자료로 이를 늘 곁에 두고 열어 보자.

　　　　　줄포 임동석이 취벽헌翠碧軒에서 수정판을 내면서 간단히 적음.

일러두기

1. 이 〈중용〉은 주희朱熹의 〈사서집주四書集註〉 전체의 원문原文과 집주문集註文을 빠짐없이 현대식으로 역주譯註한 것이다.
2. 대체로 모든 판본이 경經의 원문 중간에 집주문이 실려 있으나, 전체 원문의 대의를 먼저 이해하기 쉽도록 하고자 해당처에 번호를 부여하고 집주문은 따로 아래로 모아 역주하였다.
3. 각 편별로 전체 일련번호와 편장篇章의 순서 번호를 넣어 쉽게 구분하며 역주 내의 설명에서도 쉽게 찾아볼 수 있도록 하였다.
4. 장별로 역대 이래 각 학자들의 의견과 주장을 주註 처리하였다.
5. 그 외에 어휘·구절·허사·문법·음운·인명 등 문제가 될 만한 것들은 모두 주에서 처리하였다.
6. 음주音註 부분에서 반절식反切式·직음식直音式·성조변별식聲調辨別式 등도 언해음諺解音과 대조하여 일일이 누락됨이 없이 밝혔다.
7. 매 단락마다 〈도산본陶山本〉과 〈율곡본栗谷本〉 언해를 실어 문장의 직역은 물론 국어학에도 도움이 되도록 하였다.
8. 언해는 단어별 언해음諺解音을 괄호 안에 넣었고, 띄어쓰기를 하여 시각적으로 구분되도록 하였으며, 문장부호는 표시하지 않았다.
9. 국내외 각종 사서 판본板本·역주본譯註本·현대 번역본·백화어白話語 번역본 등을 두루 참고하였다. 특히 중국 판본은 〈사부간요四部刊要〉본이 가장 완벽하다고 보아 이를 근거로 하되 〈십삼경주소十三經注疏〉본과 대만 사범대학臺灣師範大學 사서교학연토회四書教學研討會 표점활자본標點活字本을 참고로 하였으며, 국내 판본으로는 내각장본內閣藏本 〈경서經書(大學·論語·孟子·中庸)〉(成均館大學校 大東文化硏究院 影印, 世宗 甲寅字)를 근거로 하였으며, 〈언해본諺解本〉 두 종류도 교차 검증하였다.

10. 집주集註에 거론된 인명人名은 처음 출현하는 곳에 간단히 약력을 밝혔으며 전체 부록에 따로 모아 설명하였다.
11. 이체자異體字는 원본대로 실었다. 예: 烖(災), 脩(修) 등.
12. 집주 내의 전고典故도 일일이 찾아 밝혔으며, 각주脚註에 처리할 수 없는 경우는 해당 부분 괄호 안에 넣었다.
13. 원문에 현토懸吐는 하지 않았으며 현대 중국식 표점부호標點符號를 사용하였다. 다만 우리말 해석문解釋文에는 한국식 문장 부호를 사용하여 구분하였다.
14. 주희의 〈중용장구서〉와 〈중용독법〉은 이 책 앞부분에 수록하였다. 부록附錄(1)에는 〈예기〉 중용편과 우리나라 현토문, 고본 등을 실었으며, 부록(2)에는 〈중용〉 원문 전체를 실어 쉽게 찾아볼 수 있도록 하였다.
15. 사서四書 전체의 『사서총해제四書總解題』를 마련하여 〈대학〉 말미에 실어 일체의 학술적 문제를 일관되게 살펴볼 수 있도록 하였다.
16. 기타 자세한 것은 부록과 해제 등을 참고하기 바란다.

❸ 〈사서총해제四書總解題〉 ……본 총서〈대학〉 부록 참조

중용

孔子 "我非生而知之者, 好古敏以求之者也." 夢谷 姚谷良(그림)

子思(孔伋) 孔子의 孫子이며 孔鯉(伯魚)의 아들.
〈중용〉을 찬술한 것으로 알려져 있다. 《三才圖會》

중용

朱熹(1130~1200) 臺北故宮博物院(소장)

中庸

中者不偏不倚無過不及之名庸平常也

朱熹章句

子程子曰不偏之謂中不易之謂庸中者天下之正道庸者天下之定理此篇乃孔門傳授心法子思恐其久而差也故筆之於書以授孟子其書始言一理中散為萬事末復合為一理放之則彌六合卷之則退藏於密其味無窮皆實學也善讀者玩索而有得焉則終身用之有不能盡者矣

天命之謂性率性之謂道修道之謂教

命猶令也性即理也天以陰陽五行化生萬物氣以成形而理亦賦焉猶命令也於是人物之生因各得其所賦之理以為健順五常之德所謂性也率循也道猶路也人物各循其性之自然則其日用事物之間莫不各有當行之路是則所謂道也修品節之也性道雖同而氣稟或異故不能無過不及之差聖人因人物之所當行者而品節之以為法於天下則謂之教若禮樂刑政之屬是也蓋人知已之有性而不知其出於天知事之有道而不知其由於性知聖人之有教而不知其因吾之所固有者裁之也故子思於此首發明之而董子所謂道之大原出於天亦此意也

道也者不可須臾離也可離非道也是故君

中庸章句

中者不偏不倚無過不及之名。庸平常也。

子程子曰不偏之謂中不易之謂庸中者天下之正道庸者天下之定理此篇乃孔門傳授心法子思恐其久而差也故筆之於書以授孟子其書始言一理。中散為萬事末復合為一理。放之則彌六合卷之則退藏於密其味無窮皆實學也善讀者玩索而有得焉則終身用之有不能盡者矣。

天命之謂性率性之謂道修道之謂教。

命猶令也。性即理也。天以陰陽五行化生萬物氣以成形而理亦賦焉猶命令也。於是人物之生因各得其所賦之理以為健順五常之德所謂性也。率循也。道猶路也。人物各循其性之自然則其日用事物之間莫不各有當行之路是則所謂道也。脩品節之也。性道雖同而氣稟或異故不能無過不及之差聖人因人物之所當行者而品節之以為法於天下則謂之教若禮樂刑政之屬是也。蓋人之所以為人道之所以為道聖人之所以為教原其所自無一不本於天而備於我學者知之則其於學知所用力而自不能已矣故子思於此首發明之讀者所當深體而默識也。

道也者不可須臾離也可離非道也是故君子戒慎乎其所不睹恐懼

乎其所不聞。

離去聲。○道者日用事物當行之理皆性之德而具於心無物不有無時不然所以不可須臾離也若其可離則為外物而非道矣是以君子之心常存敬畏雖不見聞亦不敢忽所以存天理之本然而不使離於須臾之頃也。

莫見乎隱莫顯乎微故君子慎其獨也。

見音現。○隱暗處也。微細事也。獨者人所不知而己所獨知之地也。言幽暗之中細微之事跡雖未形而幾則已動人雖不知而己獨知之則是天下之事無有著見明顯而過於此者是以君子既常戒懼而於此尤加謹焉所以遏人欲於將萌而不使其潛滋暗長於隱微之中以至離道之遠也。

喜怒哀樂之未發謂之中。發而皆中節謂之和中也者天下之大本也和也者天下之達

道也。

樂音洛中節之中去聲。○喜怒哀樂情也。其未發則性也。無所偏倚故謂之中。發皆中節情之正也。無所乖戾故謂之和。大本者天命之性天下之理皆由此出道之體也。達道者循性之謂天下古今之所共由道之用也。此言性情之德以明道不可離之意。

致中和天地位焉萬物育焉。

致推而極之也。位者安其所也。育者遂其生也。自戒懼而約之以至於至靜之中無所偏倚而其守不失則極其中而天地位矣。自謹獨而精之以至於應物之處無少差謬而無適不然則極其和而萬物育矣。蓋天地萬物本吾一體吾之心正則天地之心亦正矣吾之氣順則天地之氣亦順矣。故其效驗至於如此此學問之極功聖人之能事初非有待於外而脩道之教亦在其中矣是其一體一用雖有動靜之殊然必其體立而後用有以行則其實亦非有兩事也故於此合

《中庸章句大全》朝鮮 內閣藏本 世宗 甲寅字. 成均館大學校 大東文化研究院 印本(1965)

중용

《中庸諺解》陶山書院 所藏本. 大提閣인본(1972)

中庸栗谷先生諺解

天텬命명之지謂위性성이오率솔性성之지
謂위道도ㅣ오 修슈道도之지謂위敎교ㅣ니라
道도也야者쟈는 不블可가須슈臾유離리
也야ㅣ니 可가離리非비道도也야ㅣ라 是시
故고君군子ㅣ 戒계慎신乎호其기所소
不블睹도ᄒᆞ며 恐공懼구乎호其기所소
不블聞문이니라
道도는可가히須슈臾유도離리티몯ᄒᆞᆯ
디니可가히離리홀거시면道도ㅣ아
니라 이런故고로 君군子ㅣ 그보디아
니ᄒᆞᄂᆞᆫ바의 戒계愼신ᄒᆞ며 그듣디아닌바의 恐
懼구ᄒᆞᄂᆞ니라
莫막見현乎호隱은ᄒ며 莫막顯현乎호微미니 故
고君군子ㅣ 慎신其기獨독也야ㅣ니

숨은것만 見현ᄒᆞ니 업스며 微미만 顯현ᄒ
니업스니故고로 君군子ㅣ그獨독에
慎신ᄒᆞᄂᆞ니라
喜희怒노哀ᄋᆡ樂락之지未미發발을謂위
之지中듕이오 發발而이皆기中듕節졀을謂위
之지和화ㅣ니 中듕也야者쟈ᄂᆞᆫ 天텬下하
之지大대本본也야ㅣ오 和화也야者쟈ᄂᆞᆫ 天
텬下하之지達달道도也야ㅣ니라
喜희와怒노와哀ᄋᆡ와樂락의發발티아
니제를 中듕이라니르고 發발ᄒᆞ야다節
졀의中듕호ᄆᆞᆯ和화ㅣ라니르ᄂᆞ니中
듕이란거슨 天텬下하의 大대本본이오
和화ㅣ란거슨 天텬下하의 違달道도ㅣ니라
致티中듕和화ᄒ면 天텬地디ㅣ位위ᄒ며 萬
만物믈을 育육ᄒᆞᄂᆞ니라
中듕和화로 致티ᄒᆞ면 天텬地디ㅣ位위ᄒ여
며 萬만物믈이 育육ᄒᆞᄂᆞ니라
右우 第뎨一일章쟝
仲듕尼니曰왈 君군子ᄌᆞᄂᆞᆫ 中듕庸용이오 小
人인은 反반中듕庸용이니
仲듕尼니ᄀᆞᆯᄋᆞ샤ᄃᆡ君군子ᄌᆞᄂᆞᆫ中듕庸

《中庸》栗谷諺解 成均館大學校 養賢齋 文光出版社 인본(1974)

〈十三經注疏本〉《禮記》(31) 中庸篇

懸吐具解《原本中庸》世昌書館. 1951. 서울

篆文(小篆)《中庸》清，殿版定本

纂圖互註禮記卷第十六

中庸第三十一

陸曰鄭云以其記中和之爲用也庸用也
孔子之孫子思作之以昭明聖祖之德也

禮記

鄭氏註

天命之謂性率性之謂道脩道之謂教 木神則仁金神則義火神則禮水神則信土神則知孝經說曰性者生之質命人所禀受度也○率循也循性行之是謂道脩治也治而廣之人放效之是曰教○天命謂天所命生人者也是謂性命○率循也循性行之是謂道脩治也治而廣之人放效之是曰教

道也者不可須臾 離也可離非道也平道猶路也出入動作由之離之惡乎惡音烏

是故

君子戒慎乎其所不睹恐懼乎其所不聞 其不須臾離道○丁古反睹音覩戒慎恐懼自脩正是莫見

乎隱莫顯乎微故君子慎其獨也 慎獨者慎其閒居之所爲小人於隱者動作言

語自以爲不見睹不見聞則必肆盡其情也若有佔聽之者是爲顯見甚於衆人之中爲之○佔知豔反注同一音聽之者勑

喜怒哀樂之未發謂之

차 례

- 책머리에
- 일러두기
- 〈사서총해제四書總解題〉 본 총서 《대학》 부록 참조

〈중용장구서中庸章句序〉 .... 宋, 朱熹 24

〈독중용법讀中庸法〉 .... 宋, 朱熹 38

중용장구中庸章句 (제1장~제33장) 44

제1장 ……… 46	제18장 ……… 113
제2장 ……… 54	제19장 ……… 118
제3장 ……… 57	제20장 ……… 124
제4장 ……… 59	제21장 ……… 148
제5장 ……… 62	제22장 ……… 150
제6장 ……… 64	제23장 ……… 153
제7장 ……… 67	제24장 ……… 156
제8장 ……… 70	제25장 ……… 159
제9장 ……… 72	제26장 ……… 163
제10장 ……… 75	제27장 ……… 171
제11장 ……… 80	제28장 ……… 177
제12장 ……… 84	제29장 ……… 182
제13장 ……… 89	제30장 ……… 188
제14장 ……… 96	제31장 ……… 192
제15장 ……… 101	제32장 ……… 197
제16장 ……… 104	제33장 ……… 201
제17장 ……… 109	

부록 I

1. 《예기禮記》〈中庸〉篇 ·················· (十三經注疏本 《禮記》 제 31) ············· 214
2. 《중용고본中庸古本》 ··· 220
3. 《현토중용懸吐中庸》 ··· 227

부록 II

《중용》 원문 ··· 242

장
양

中庸章句序

〈중용장구서中庸章句序〉

宋, 朱熹

《중용中庸》은 어떻게 지어졌는가? 자사자子思子가 도학道學이 그 전수傳授를 잃고 있음을 걱정하여 지은 것이다. 대체로 상고上古에 신성神聖이 계천입극繼天立極함으로부터 도통道統의 전수가 스스로 유래由來함이 있었다. 그것이 경經에 보이는 것으로는 "공경히 그 중中을 잡으라"라고 한 것이니, 요堯가 순舜에게 준 말이다. 그리고 "사람 마음이란 위태롭고, 도심은 은미하니 오직 정일精一하게 하여 공경히 중을 잡으라"라고 한 것은 순舜이 우禹에게 전수한 바이다. 요임금의 이 한 마디는 지극至極하고도 극진極盡하도다! 그런데도 순이 다시 이 세 마디를 덧붙였던 것은 무릇 요의 한마디는 반드시 이와 같이 한 이후라야 가히 될 수 있음을 밝히기 위함이었다.

中庸何爲而作也? 子思子憂道學之失其傳而作也. 蓋自上古聖神繼天立極, 而道統之傳有自來矣. 其見於經, 則「允執厥中」者, 堯之所以授舜也;「人心惟危, 道心惟微, 惟精惟一, 允執厥中」者, 舜之所以授禹也. 堯之一言, 至矣, 盡矣! 而舜

復益之以三言者, 則所以明夫堯之一言, 必如是而後, 可庶幾也.

【中庸】司馬遷, 鄭玄, 孔穎達, 朱熹 등은 모두가 子思(孔伋, 공자의 손자)가 지은 것이라 여겼음. 원래《小戴禮記》의 한 편이었으니 주자가《대학》과 함께 취하여 四書로 편정함.《대학》과 더불어「庸學」이라고 불림.
【子思子】子思는 공자의 손자, 曾子에게 배워 공자의 再傳弟子인 셈이 됨. 魯繆公의 스승이었으며, 그가 17세 때 宋에서 곤액을 치르고 이《中庸》을 지었다고 함. 뒤의 子자는 높임말.
【道學】儒家의 학문을 뜻함.
【繼天立極】하늘의 뜻을 이어받아 정을 세움.
【道統】유가의 학통, 韓愈의 〈原道〉를 볼 것.
【允執其中】《論語》堯曰篇 497(20-1)에 堯曰:「咨! 爾舜! 天之曆數在爾躬, 允執其中. 四海困窮, 天祿永終.」라 함. 允은 信, 誠의 뜻. 中은 中道의 뜻.
【人心惟危, 道心惟微, 惟精惟一, 允執厥中】《古文尙書》大禹謨의 구절로 흔히 儒家의「十六字心傳」이라 함. 舜이 禹에게 천하를 전수할 때 해 준 말이라 함.
【庶幾】거의 근접함. 가히 바랄 수 있음.

대체로 일찍이 이를 논하건대 마음의 허령虛靈과 지각知覺은 하나일 뿐이건만 인심人心과 도심道心에 다름이 있다고 여긴 것은, 그것이 혹 형기지사形氣之私에서 생겨나기도 하고, 혹은 성명지정性命之正에 근원하기도 하여 지각이 되는 것이 다를 수도 있다고 여겼기 때문이었다. 이로써 혹 위태危殆하여 안정되지 못하기도 하고, 혹 미묘微妙하여 보기 어려울 수도 있는 것일 뿐이다. 하지만 형形을 갖지 않을 수 없기 때문에 비록 상지上智라 하여도 인심人心이 없을 수 없고, 역시 이런 성性을 갖지 않을 수 없으며, 그 때문에 비록 하우下愚라 하여도 도심道心이 없을 수 없는 것이다. 두 가지는 방촌지간方寸之間에 섞여 있지만 다스릴 줄 모르게 되면, 위험한 것은 더욱 위험해지고 은미隱微한 것은 더욱 은미해져서, 천리지공天理之公이 마침내 인욕지시人欲之私를 이겨낼 수가 없게 되는 것이다. 정精이란 무릇 이 두 가지 사이를 살펴 섞이지 않게 함이요, 일一이란 그 본심지정本心之正을 지켜 떠나지 않게 함이다. 여기에 종사從事하여 조금의 간단間斷도 없이하여 반드시 도심道心으로 하여금 항상 일신지주一身之主를 삼아 인심人心이 매번 도심의 명령을 듣도록 한다면 위험한 것은 안정되고, 은미한 것은 드러나서 동정운위動靜云爲가 스스로 과불급過不及의 오차가 없게 될 것이다.

蓋嘗論之: 心之虛靈知覺, 一而已矣, 而以爲有人心·道心之異者, 則以其或生於形氣之私, 或原於性命之正, 而所以爲知覺者不同, 是以或危殆而不安, 或微妙而難見耳. 然人莫不有是形, 故雖上智不能無人心, 亦莫不有是性, 故雖下愚不能無道心. 二者雜於方寸之間, 而不知所以治之, 則危者愈危, 微者愈微, 而天理之公, 卒無以勝夫人欲之私矣. 精則察夫二者之間而不雜也, 一則守其本心之正而不離也. 從事於斯, 無少間斷, 必使道心常爲一身之主, 而人心每聽命焉, 則危者安·微者著, 而動靜云爲, 自無過不及之差矣.

【一而已矣】 여기서의 '一'은 누구에게나 한 가지로 똑같이 가지고 있는 천성을 뜻함.
【形氣】 사람의 체질. 몸체를 타고난 차이를 말함.
【性命】 하늘이 내려 준 선량한 心性을 말함.
【人心】 사람의 체질에 따라 각기 다른 욕구.
【道心】 하늘로부터 똑같이 부여받은 公心.

【方寸】 아주 가까운 거리. 인심과 도심은 아주 가까이 있음을 말함.
【上智】 지혜의 최상급. 뛰어난 재주.
【下愚】 어리석음의 최하위 단계.
【動靜云爲】 행동과 말. 일상생활의 모든 것.
【過不及】 지나침과 미치지 못함.《論語》先進篇 268(11-15)에 子貢問:「師與商也孰賢?」子曰:「師也過, 商也不及.」曰:「然則師愈與?」子曰:「過猶不及.」이라 함.

 무릇 요·순·우는 천하의 대성大聖이다. 천하를 서로 전함은 천하의 대사大事이다. 천하의 대성으로서 천하의 대사를 행하면서도 그들이 받고 줄 때에는 정녕丁寧히 경계警戒를 고함이 이와 같음에 지나지 않았다. 그렇다면 천하의 이치가 어찌 여기에 더할 것이 있겠는가?

 夫堯·舜·禹, 天下之大聖也. 以天下相傳, 天下之大事也. 以天下之大聖, 行天下之大事, 而其授受之際, 丁寧告戒, 不過如此. 則天下之理, 豈有以加於此哉?

【丁寧】 매우 자상함. 疊韻 聯綿語로 문자 자체에는 뜻이 없음. 지금은 '叮嚀'으로 표기함.

 이로부터 이래以來로 성인聖人과 성인이 서로 이어받았으니 이를테면 성탕成湯, 문왕文王, 무왕武王은 임금이 되고, 고요皐陶, 이윤伊尹, 부열傅說, 주공周公, 소공召公은 신하가 되어 이미 모두가 이로써 도통道統의 전수를 이어간 것이다. 그러나 우리 부자夫子, 孔子같은 경우에는 비록 지위는 얻지 못하였지만, 옛 성인을 잇고 앞날의 학문을 열었으니, 그 공功은 도리어 요순보다도 뛰어남이 있었다 할 것이다. 그러나 그 당시에는 이를 직접 보고 알게 된 자로서 오직 안회顏回, 증자曾子의 전함만이 그 정종正宗을 얻었다. 그 증자의 재전再傳에 이르러서는 다시 부자夫子, 孔子의 손자인 자사子思가 있었으나, 그 때에는 성인으로부터의 시간이 멀어 이단異端이 일어나게 되었다.

自是以來, 聖聖相承: 若成湯·文·武之爲君, 皐陶·伊·傅·周·召之爲臣, 旣皆以此而接夫道統之傳, 若吾夫子, 則雖不得其位, 而所以繼往聖·開來學, 其功反有賢於堯舜者. 然當是時, 見而知之者, 惟顏氏·曾氏之傳得其宗. 及其曾氏之再傳, 而復得夫子之孫子思, 則去聖遠而異端起矣.

【成湯】 商나라의 시조인 商湯. 夏의 末王 桀을 멸하고 殷(상)을 세움. 諡號法에 「功遂業就曰成, 除虐去殘曰湯」이라 함.
【文王】 周나라의 중흥조. 姬昌. 西伯昌으로 불림.
【武王】 文王의 아들로 이름은 姬發. 殷의 末王 紂를 멸함.
【皐陶】 舜임금 때의 어질고 재능 있는 신하. '고요'로 읽음.
【伊尹】 湯의 賢相.
【傅說】 은나라 高宗(武丁) 때의 어진 신하. '부열'로 읽음.
【周公】 문왕의 아들이며 무왕의 아우로 어진 정치를 베풀고 문물제도를 완비하여 儒家의 聖人으로 추앙됨. 姬旦. 魯나라의 시조가 됨.
【召公】 주공의 아우. 姬奭. 무왕을 도와 천하를 평정함. 燕나라의 시조가 됨.
【夫子】 선생님의 높임말. 여기서는 구체적으로 공자를 지칭함.
【顏氏】 공자의 제자. 顏回, 자는 子淵, 흔히 顏淵으로도 불림.
【曾子】 공자 제자 중에 뛰어난 인물인 曾參. 공자의 학통을 이어받아 전수하였다고 함.
【異端】 儒家 이외의 학술이나 사상으로 유가에서 성인의 도가 아니라 하여 배척하였음. 《論語》 爲政篇 032(2-16)에 子曰:「攻乎異端, 斯害也已」라 함.

召公(姬奭) 《三才圖會》

부열(傅說) 《三才圖會》

  자사는 세월이 오랠수록 그 진실이 잃게 될까 두려워하여 이에 요순 이래 상전相傳된 뜻을 추론推論하여 본本을 삼고 평소 들은 바 부사父師의 말을 질정質正하고, 다시 서로 연역演繹하여 이 책을 지어 뒷날의 학자에게 조詔한 것이다. 대체로 그 걱정이 깊어 그 때문에 그 말이 간절懇切한 것이며, 그 염려가 심원深遠하여 그 때문에 그 말이 상세詳細한 것이다. 그 「천명솔성天命率性」이라 한 것은 도심道心을 일컫는 것이요, 「택선고집擇善固執」이라 한 것은 정일精 을 두고 한 말이며, 「군자시중君子時中」이라 한 것은 집중執中을 두고 말한 것이다. 세상이 서로 뒤를 이어 천여 년이 흘렀지만, 그 말이 다르지 않음이 마치 부절符節을 합한 것 같다. 역대로 옛 성인의 글을 가려 보아도 강유綱維를 끌어당기고 온오蘊奧를 열어 보여 주는 데에 있어서 이 책처럼 분명分明하고 곡진曲盡한 것은 없다.

  子思懼夫愈久而愈失其眞也, 於是推本堯舜以來相傳之意, 質以平日所聞父師之言, 更互演繹, 作爲此書, 以詔後之學者. 蓋其憂之也深, 故其言之也切; 其慮之也遠, 故其說之也詳.

其曰「天命率性」, 則道心之謂也; 其曰「擇善固執」, 則精一之謂也; 其曰「君子時中」, 則執中之謂也. 世之相後, 千有餘年, 而其言之不異, 如合符節. 歷選前聖之書, 所以提挈網維·開示蘊奧, 未有若是其明且盡者也.

【推論】그 根本을 追溯함.
【演繹】펴서 정리함.
【詔】원래 임금의 詔勅, 여기서는 밝혀 가르침을 내린다는 뜻.
【天命率性】《중용》제1장.
【擇善固執】《중용》제20장 哀公問政의 내용.
【君子時中】《중용》제2장의 내용.
【符節】고대의 신표. 정확히 맞다는 뜻.
【提挈網維】그 요점을 들어서 밝혀줌. 網維는 紀綱과 같음.
【蘊奧】深妙한 도리, 원리.

이로부터 다시 재전再傳하여 맹자孟子에 이르게 되자, 능히 이 책을 추명推明하여 선성先聖의 정통을 계승하였지만, 그가 죽고나서는 드디어 그 전수도 사라지고 말았다. 그렇다면 우리의 도道가 기탁하고 있는 바는 언어言語와 문자文字 사이를 넘어서지 못하고 있는 것이며, 도리어 이단의 논설이 날로달로 새로이 흥성하고 있으며, 노불老佛의 무리까지 출현하는 지경에 이르러서는 그들이 가까운 이치를 더하고 있어 크게 진실을 혼란시키고 있다. 그러나 그나마 다행인 것은 이 책이 민멸泯滅되지 않았음이다. 그 때문에 정부자程夫子 형제가 출현하여 상고한 바를 얻어 천년 동안 전해지지 못하던 실마리를 잇게 되었으며, 근거한 바를 얻어 이가二家, 老佛의 사시지비似是之非를 물리칠 수 있게 된 것이다.

程顥(明道先生) 《三才圖會》

程頤(伊川先生) 《三才圖會》

대체로 자사의 공이 이에 이르러 위대해졌으니, 정부자程夫子가 아니었더라면 역시 능히 그 언어言語를 근거로 그 마음의 얻는 일을 해내지 못하였을 것이다. 안타깝도다! 그가 설說로 삼은 것은 전하지 못하고, 무릇 석씨石氏가 집록輯錄한 바도 겨우 그 문인門人이 기록한 것에서 나온 것이니, 이로써 대의大義는 비록 밝혀졌다 해도 미언微言은 분석되지 못한 채 그 문인이 각자 논설로 삼은 경우에 있어서는 비록 상진詳盡하여 처음으로 펴 밝힌 부분이 많다고 해도 그 스승의 설을 위배하여 노불老佛에 빠진 경우도 역시 있었던 것이다.

自是而又再傳以得孟氏, 爲能推明是書, 以承先聖之統, 及其沒而遂失其傳焉. 則吾道之所寄, 不越乎言語文字之閒, 而異端之說日新月盛, 以至於老佛之徒出, 則彌近理而大亂眞矣. 然而尚幸此書之不泯, 故程夫子兄弟者出, 得有所考, 以續夫千載不傳之緖; 得有所據, 以斥夫二家似是之非. 蓋子思之功於是爲大, 而微程夫子, 則亦莫能因其語而得其心也.

중용장구서 31

惜乎! 其所以爲說者不傳, 而凡石氏之所輯錄, 僅出於其門
人之所記, 是以大義雖明, 而微言未析, 至其門人所自爲說,
則雖頗詳盡而多所發明, 然倍其師說而淫於老佛者, 亦有之矣.

【孟氏】孟子. 子思의 再傳弟子라 함. 그러나 年代로 보아 맹자는 자사로부터
110년 뒤이므로 兩代 이상의 傳授가 있어야 함. 宋代 이후 亞聖으로 추대됨.
【失其傳】韓愈의〈原道〉에「軻之死, 不得其傳焉. 荀與揚也, 宅焉而不精, 語焉而
不詳」이라 함.
【老佛】老莊學說(도가, 도교)과 불교의 교리. 당시 도가와 불교를 부정적으로
본 것임.
【程夫子】程顥와 程頤 형제. 정호는 자가 伯淳이며 明道先生으로 불림. 정이는
자가 正叔이며 伊川先生으로 불림. 宋代 理學 중의 洛學派의 거두. 뒤에 朱子(閩
學派)에 큰 영향을 줌.
【似是之非】옳은 듯하면서 그른 것. '似而非'와 같음.
【微】'만약 ~이 아니라면'의 문장을 구성하는 말.
【石氏】석대산(石憨山), 克齋先生이라 불리며《中庸集解》를 썼음.
【其門人】呂大臨을 가리킴. 자는 與叔,《未發》,《問答》등을 남겼으며, 여기에
程子의《中庸》解釋에 대한 이론을 기록하였음.
【微言】《漢書》藝文志에「仲尼沒而微言絶, 七十子喪而大義乖」라 하였고, 顔師古
의 주에「微言, 精微要妙之言」이라 함. 원래 前漢시대 公羊家, 穀梁家들이《春秋》
의 微言大義를 표방한 용어.
【倍】背와 같음. 위배함.
【淫於老佛】程氏 제자 중에 呂希哲은 佛敎에 심취하였고, 謝良佐는 禪語에 흥취를
가졌었음.

나_熹는 어린 나이에 곧 일찍이 이를 받아 읽으면서 나홀로 의심을 품게 되었다. 침잠반복_{沈潛反復}함이 대체로 역시 몇 해가 되었을 때 어느 날 아침 황연_{怳然}히 마치 그 요령_{要領}을 터득함이 있는 듯하였다.
그리하여 뒤에 감히 여러 설들을 모아 그 중_中을 절충_{折衷}하여 이미 〈장구_{章句}〉 일편을 정하여 저술해 놓고 뒷날의 군자를 기다리기로 하였다. 그리고 한두 명의 동지와 다시 석씨의 책을 취하여 그중 번란_{繁亂}한 것은 산제_{刪除}하고 이름을 〈집략_{輯略}〉이라 하였다. 게다가 일찍이 논변_{論辯}한 바 취사_{取捨}의 뜻을 기록하여 따로 〈혹문_{或問}〉을 만들어 그 뒤에다가 붙였다. 그런 후에야 이 책의 요지_{要旨}가 지절_{支節}이 분해_{分解}되고 맥락_{脈絡}이 관통하며, 상략_{詳略}이 서로 인순_{因循}하고 거세_{巨細}가 모두 거론되어 무릇 여러 설의 이동득실_{異同得失}이 역시 곡창방통_{曲暢旁通}함을 얻어 각기 그 취지_{趣旨}를 다하게 된 것이다. 비록 도통의 전수에 있어서 감히 망녕되이 의론할 수는 없지만 초학지사_{初學之士}가 혹 취할 만함이 있다면 역시 행원승고_{行遠升高}에 일조_{一助}가 되기를 기대할 따름이다.

熹自蚤歲卽嘗受讀而竊疑之, 沈潛反復, 蓋亦有年, 一旦恍然似有以得其要領者, 然後乃敢會衆說而折其中, 旣爲定著章句一篇, 以竢後之君子. 而一二同志復取石氏書, 刪其繁亂, 名以輯略, 且記所嘗論辯取舍之意, 別爲或問, 以附其後. 然後此書之旨, 支分節解·脈絡貫通·詳略相因巨細畢擧, 而凡諸說之同異得失, 亦得以曲暢旁通, 而各極其趣. 雖於道統之傳, 不敢妄議, 然初學之士, 或有取焉, 則亦庶乎行遠升高之一助云爾.

【蚤歲】 早歲, 어린 나이.
【沈潛】 깊이 잠겨 생각함.
【折其中】 折衷과 같음. 그 중간을 꺾어 衆徒를 취한다는 뜻.
【輯略】 朱子가 석대산(石憝山)의 《集解》를 풀어 2권의 책으로 만들어 章句 뒤에 붙였으나 뒤에 다시 單行本으로 분리함.
【或問】 주자가 여러 사람의 異說을 辨證하기 위하여 「혹이 묻건대」라는 질문과 대답의 형식을 설정하여 풀이한 책. 이에 《中庸或問》 3권을 지어 《四書或問》에 넣음.
【曲暢旁通】 골고루 밝히고 방증하여 소통시킴.
【行遠升高】 《중용》 15장의 내용을 제시한 것. 학문과 행동을 멀리, 높이 하고자 함을 뜻함.

순희淳熙 기유년己酉年 춘삼월春三月 무신일戊申日에 신안新安 주희朱熹가 서序하다.

淳熙 己酉 春三月 戊申, 新安 朱熹序

【淳熙己酉】 순희는 宋 孝宗의 연호. 기유년은 1189년에 해당함.

讀中庸法

中庸

〈독중용법讀中庸法〉

宋, 朱熹

주자朱子가 말하였다. "《중용中庸》 일편은 모某, 朱熹가 망령되이 자신의 뜻으로써 그 장구章句를 나누었다. 이 책이 어찌 장구로써 구할 수 있는 것이겠는가? 그러나 배우는 자가 경經에 있어서 사辭에서 터득하지 못하면서 능히 그 뜻을 통한 자는 있을 수 없는 것이다."

> 朱子曰:「中庸一篇, 某妄以己意, 分其章句. 是書豈可以章句求哉? 然學者之於經, 未有不得於辭而能通其意者.」

또 이렇게 말하였다. "《중용》은 초학자는 이해하기에 마땅하지 못하다."

> 又曰:「中庸, 初學者未當理會.」

○ 中庸之書難看, 中間說鬼說神都無理會, 學者須是見得箇道理了, 方可看此書將來印證.

○《중용》이란 책은 보기가 어렵다. 중간에 鬼(귀)와 神(신)에 대한 말은 모두가 이해할 수가 없다. 배우는 자는 모름지기 하나의 道理(도리)를 볼 수 있어야만 비로소 이 책의 장래 印證(인증)을 볼 수 있다.

○ 讀書之序, 須是且著力去看大學; 又著力去看論語; 又著力去看孟子, 看得三書了, 這中庸, 半截都了不用問人, 只略略恁看過, 不可掉了易底, 却先去攻那難底. 中庸多說無形影, 說下學處少; 說上達處多. 若且理會文義, 則可矣.

○ 책을 읽는 순서는 모름지기 장차 힘을 기울여《대학大學》을 보라. 다시 힘을 기울여《논어論語》를 보고, 다시 힘을 기울여《맹자孟子》를 보라. 이 세 책을 보고 나면 이《중용》은 모두가 반절은 남에게 묻지 않아도 되리라. 다만 대략대략 보면서 쉬운 것이라 하여 버리고 도리어 어려운 것이라 하여 그것부터 공략하려고 해서는 안 된다.《중용》은 주로 형태도 그림자도 없는 것을 말한 것이 많으며, 下學(하학, 쉽고 평범한 일상의 학문)을 말한 부분은 적고, 上達(상달)을 말한 부분은 많다. 만약 우선 文義(문의)를 이해한다면 가능할 것이다.

○ 讀書先須看大綱, 又看幾多間架: 如「天命之謂性, 率性之謂道, 脩道之謂教」, 此是大綱.「夫婦所知所能, 與聖人不知不能處」, 此類是間架. 譬人看屋, 先看他大綱, 次看幾多間, 間內又有小間, 然後方得貫通.

○ 책을 읽음에 먼저 모름지기 大綱(대강)을 보아야 한다. 그리고 다시 몇 개의 많은 間架(간가)를 보아야 한다. 이를테면 "天命(천명)을 性(성)이라 하고, 率性(솔성)을 道(도)라 하며, 脩道(수도)를 敎(교)라 한다"라고 한 것이 대강이다. "부부가 알고 능한 바와 성인은 알지도 능하지도 못함"에 대한 것, 이런 것이 間架(간가)이다. 비유컨대 집을 보면서 먼저 그 대강을 보고 나서 그 다음으로 몇 間(간)인가를 보고, 다시 한 간 내에 다시 작은 간이 있음을 본 연후에야 비로소 관통하게 되는 것이다.

다시 이렇게 말하였다. "《중용》에서 첫장 이하는 주로 장래(將來, 뒤이어 다음 장의 내용)를 상대하여 말한 것이 많아 매우 가지런하다. 모(주자)가 지난날 《중용》을 읽으면서 자사子思가 지은 것이라 여겼는데, 다시 때때로「자왈子曰」이라는 글자가 있어 읽기를 익숙히 한 후에야 비로소 자사가 부자夫子, 孔子의 설을 참작하여 이 책을 지었음을 터득하게 되었다. 이로부터 침잠반복하여 드디어 점차 그 지취旨趣를 터득하고 그 터득한 것을 확정하여 지금 장구章句가 펼쳐지게 된 것이며, 곧바로 이처럼 세밀하게 된 것이다."

又曰:「中庸自首章以下, 多對說將來, 直是整齊, 某舊讀中庸, 以爲子思做, 又時復有箇子曰字, 讀得熟, 後方見得是子思參夫子之說, 著爲此書. 自是沈潛反覆, 遂漸得其旨趣, 定得今章句擺布得來, 直恁麼細密.」

○ 近看中庸, 於章句文義間, 窺見聖賢述作傳授之意, 極有條理, 如繩貫碁局之不可亂.

○ 근래《중용》을 보니 章句(장구)와 文義(문의) 사이에서 성현이 述作傳授(술작전수)한 뜻이 지극히 條理(조리)가 있어 마치 먹줄이 바둑판 그리듯 일관되어 가히 어지럽힐 수 없다는 것을 엿볼 수 있게 되었다.

○ 中庸當作六大節看: 首章是一節, 說「中和」.「自君子中庸」以下十章, 是一節, 說「中庸君子之道」.「費而隱」以下八章, 是一節, 說「費隱」.「哀公問政」以下七章, 是一節, 說「誠」.「大哉聖人之道」以下六章, 是一節, 說「大德小德」. 末章是一節, 復申首章之義.

○《중용》은 의당 여섯 가지 大節(대절)로 보아야 한다. 즉 첫장이 하나의 節(절)로서「中和(중화)」를 말한 것이다. 그리고「君子中庸(군자중용)」이하 10개의 장이 하나의 절로서「중용은 군자의 도임」을 말한 것이다.「費而隱(비이은)」이하 8개 장이 하나의 절로서「費隱(비은)」을 말한 것이다. 그리고「哀公問政(애공문정)」이하 7개의 장이 하나의 절로서「誠(성)」을 말한 것이며,「大哉聖人之道(대재성인지도)」이하 6개의 장이 하나의 절로서「大德(대덕)과 小德(소덕)」을 말한 것이며, 마지막 장이 하나의 절로서 다시 첫장의 뜻을 펴서 설명한 것이다.

어떤 이가 "《중용》과 《대학》의 구별"을 묻기에 "이를테면 《중용》을 읽어 의리義理를 구함은 다만 《대학》의 치지致知에 대한 공부일 뿐이요, 만약 근독수성謹獨脩省이라면 역시 《대학》의 성의誠意일 뿐이다"라고 대답하였다. "단지 《중용》은 성인이면서 알 수 없는 부분이 있음을 솔직히 말한 것인가"라고 묻기에 "《대학》 속에는 역시 전왕불망前王不忘이라는 것이 있으니 이는 바로 독공篤恭하여 천하가 평안해지는 일인 것이다"라고 대답하였다.

> 問:「中庸大學之別.」曰:「如讀中庸求義理, 只是致知功夫. 如謹獨脩省, 亦只是誠意.」問:「只是中庸, 直說到聖而不可知處.」曰:「如大學裏, 也有如前王不忘, 便是篤恭而天下平底事.」

【底】백화어 '的'과 같음.

중
용

中庸 章句

《중용中庸》 장구章句

자정자子程子(程頤)는 이렇게 말하였다.
"치우치지 않음을 일러 중中이라 하고, 바뀌지 않음을 용庸이라 한다. 중中이란 천하의 정도正道요, 용庸이란 천하의 정리定理이다."
이 편은 바로 공문孔門이 전수傳授한 심법心法이다. 자사子思는 이것이 오래되어 차이가 있을까 두려워하여, 그 때문에 이를 서書에 기록하여 맹자孟子에게 전수한 것이다. 그 서에 처음에는 하나의 이理를 말하고, 중간에서는 흩어 만사萬事를 다루었고, 끝에는 다시 합하여 하나의 이理를 다루었다. 이를 풀어놓으면 육합六合에 가득하고, 이를 말아들이면 은밀한 데로 퇴장退藏하니 그 맛이 무궁하여, 모두가 실학實學이다. 잘읽는 자가 완색玩索하여 이에 터득함이 있게 되면, 종신토록 이를 사용한다 해도 능히 다 쓰지 못함이 있을 것이다.

子程子曰:「不偏之謂中, 不易之謂庸. 中者, 天下之正道; 庸者, 天下之定理.」此篇乃孔門傳授心法, 子思

> 恐其久而差也, 故筆之於書, 以授孟子. 其書始言一理,
> 中散爲萬事, 末復合爲一理, 放之則彌六合, 卷之則退
> 藏於密, 其味無窮, 皆實學也. 善讀者玩索而有得焉, 則
> 終身用之, 有不能盡者矣.

中者, 不偏不倚, 無過不及之名. 庸, 平常也.

中이란 치우치지 않고 기대지 않으며, 지나침도 모자람도 없는 것의 이름이다. 庸은 平常이다.

【子程子】정이(程頤, 1033~1107)을 가리킴. 자는 正叔, 洛陽人, 伊川先生이라 불리며, 程顥(明道先生, 1032~1085)의 아우로 宋代 洛學派의 대두, 형제를 아울러 二程이라고 부름.
【心法】원래 佛家의 용어, 마음으로 서로 印證되는 것을 말함.
【子思】공자의 손자인 孔伋. 子思는 그의 字.
【彌】가득함. 두루 遍在해 있음.
【六合】天地四方. 곧 宇宙를 뜻함.
【退藏於密】《周易》繫辭傳의 구절. 密은 道를 뜻함.

제1장

　하늘의 명命함을 일러 성性이라 하고, 성을 따름을 일러 도道라 하며, 도를 닦음을 일러 교敎라 한다.
　도라는 것을 수유須臾라도 떠날 수 없는 것이니 가히 떠날 수 있으면 도가 아니다. 이런 까닭으로 군자는 그 보이지 않는 바에 경계하고 삼가며, 그 듣지 못하는 바에 두려움을 갖는 것이다.
　숨김보다 더 잘 드러나는 것이 없고, 미세함보다 더 확연한 것은 없다. 그 때문에 군자는 그 홀로 있음을 삼가는 것이다. 희·로·애·락이 아직 발發하지 않는 것을 일러 중中이라 하고, 발하여 모두가 절節에 맞는 것을 일러 화和라 한다.
　중中이란 천하의 대본大本이요. 화和란 천하의 달도達道이다.
　중中과 화和를 이루면 천지가 제 위치를 잡고, 만물이 이에 생육生育된다.

"喜怒哀樂"구절. 如初 金膺顯(현대)　　　"天命之謂性"구절. 如初 金膺顯(현대)

天命之謂性, 率性之謂道, 脩道之謂教.㈠

道也者, 不可須臾離也, 可離非道也. 是故君子戒慎乎其所不睹, 恐懼乎其所不聞.㈡

莫見乎隱, 莫顯乎微, 故君子慎其獨也.㈢

喜怒哀樂之未發, 謂之中; 發而皆中節, 謂之和. 中也者, 天下之大本也; 和也者, 天下之達道也.㈣

致中和, 天地位焉, 萬物育焉.㈤

【天命】 하늘로부터 부여받은 天性, 本然之性, 이를 性이라 함.
【率性】 率은 '따르다'의 뜻. 천성을 따름. 이를 道라 함.
【脩道】 天道에 일관되게 率性을 修正하고 닦음. 이를 敎라 함.
【須臾】 아주 짧은 시간. 疊韻 聯綿語.
【中節】 節度와 品節에 맞음.
【大本】 天命之性을 말함.
【達道】 天性을 따라 통달한 도, 혹은 도에 통달함을 뜻함.

● 諺 解

陶山本   하늘히 命(명)ㅎ샨 거슬 닐온 性(셩)이오 性(셩)을 率(솔)홀 쏠 닐온 道(도) ㅣ오 道(도)를 닷굴 쏠 닐온 敎(교) ㅣ 니라
　道(도)는 可(가)히 須臾(슈유)도 離(리)티 몯홀 꺼시니 可(가)히 離(리)홀 꺼시면 道(도) ㅣ 아니라 이런 故(고)로 君子(군즈)는 그 보디 몯ᄒᆞᄂᆞᆫ 바에 戒愼(계신)ᄒᆞ며 그 듣디 몯ᄒᆞᄂᆞᆫ 바에 恐懼(공구)ᄒᆞᄂᆞ니라
　隱(은)만 見(현)ᄒᆞ니 업스며 微(미)만 顯(현)ᄒᆞ니 업스니 故(고)로 君子(군즈)는 그 獨(독)을 愼(신)ᄒᆞᄂᆞ니라
　喜(희)와 怒(노)와 哀(이)와 樂(락)의 發(발)티 아닌 적을 中(듕)이라 니르고 發(발)ᄒᆞ야 다 節(절)에 中(듕)홈을 和(화) ㅣ라 니르ᄂᆞ니 中(듕)은 天下(텬하)에 큰 本(본)이오 和(화)는 天下(텬하)에 達(달)흔 道(도) ㅣ니라
　中(듕)과 和(화)를 닐위면 天地(텬디) ㅣ 位(위)ᄒᆞ며 萬物(만믈)이 育(육)ᄒᆞᄂᆞ니라

栗谷本   天(텬)이 命(명)ᄒᆞ샨 거슬 닐온 性(셩)이오 性(셩)을 率(솔)혼 거슬 닐온 道(도) ㅣ오 道(도)를 修(슈)혼 거슬 닐온 敎(교) ㅣ 니라
　道(도)는 可(가)히 須臾(슈유)도 離(리)티 몯홀 디니 可(가)히 離(리)홀 거시면 道(도) ㅣ 아니라 이런 故(고)로 君子(군즈)는 그 보디 아닌 바의 戒愼(계신)ᄒᆞ며 그 듣디 아닌 바의 恐懼(공구)ᄒᆞᄂᆞ니라
　隱(은)만 見(현)ᄒᆞ니 업스며 微(미)만 顯(현)ᄒᆞ니 업스니 故(고)로 君子(군즈)는 그 獨(독)애 愼(신)ᄒᆞᄂᆞ니라

喜(희)와 怒(노)와 哀(익)와 樂(락)의 發(발)티 아닌 제를 中(듕)이라 니르고 發(발)ᄒ야 다 節(졀)의 中(듕)호믈 和(화)ㅣ라 니르ᄂ니 中(듕)은 天下(텬하)의 大本(대본)이오 和(화)는 天下(텬하)에 達道(달도)ㅣ니라
中和(듕화)를 致(티)ᄒ면 天地(텬디)ㅣ 位(위)ᄒ며 萬物(만믈)이 育(육)홀 디니라

◆ 集 註

001-㈠

命, 猶令也. 性, 卽理也. 天以陰陽五行化生萬物, 氣以成形, 而理亦賦焉, 猶命令也. 於是人物之生, 因各得其所賦之理, 以爲健順五常之德, 所謂性也. 率, 循也. 道, 猶路也. 人物各循其性之自然, 則其日用事物之間, 莫不各有當行之路, 是則所謂道也. 脩, 品節之也. 性道雖同, 而氣稟或異, 故不能無過不及之差, 聖人因人物之所當行者, 而品節之, 以爲法於天下, 則謂之敎, 若禮樂刑政之屬是也. 蓋人之所以爲人, 道之所以爲道, 聖人之所以爲敎, 原其所自, 無一不本於天而備於我. 學者知之, 則其於學知所用力而自不能已矣. (蓋人知己之有性, 而不知其出於天, 知事之有道, 而不知其由於性, 知聖人之有敎, 而不知其因吾知之所固有者裁之也.) 故子思於此首發明之, 讀者所宜深體而默識也. (而董子所謂道之大原, 出於天, 亦此意也.)

命은 令과 같다. 性은 곧 理이다. 하늘이 陰陽五行으로 만물을 化生함에 氣는 형태를 이루고, 理는 역시 거기에 부여되어 마치 명령함과 같다. 이에 사람과 물건이 태어남에 각기 그 부여받은 理를 근거로 健順과 五常의 덕을 삼는 것이니 이것이 소위 말하는 性이다. 率은 循이다. 道는 路와 같다. 사람과 물건이 각기 그 性의 自然을 따르게 되면 그 日用과 事物 사이에서 각기 의당 행할 길이 아님이 없게 되니 이것이 소위 말하는 도이다. 脩는 이를 品節하는 것이다. 性과 道는 비록 같지만 氣와 稟은 혹 다를 수 있다. 그러므로 過와 不及의 차이가 없을 수 없다. 聖人이 각각 행해야 할 바를 근거로 이를 품절하여 천하의 법을 삼았으니, 이를 일컬어 敎라 하니 이를테면 禮樂刑政같은 것이 이것이다. 대체로 사람이 사람 되는 바와, 도가 도되는 바, 그리고 성인이 敎로 삼은

바는 원래 그 스스로 한 바로서 어느 하나 하늘에 본을 두어 나에게 갖추어지지 않은 것이 없다. 배우는 자가 이를 알게 되면 그 배움에서 힘써서 스스로도 능히 그칠 수 없는 것임을 알게 될 것이다.(대체로 사람이 자신에게 性이 있음을 알면서 그것이 하늘로부터 나온 것임을 모르거나, 일에 도가 있음은 알면서 그것이 性으로부터 말미암은 것임을 모른다거나, 성인의 敎가 있음은 알면서 그것이 나에게 고유하게 가지고 있는 바를 근거로 이를 재단(裁斷)한 것임을 알지 못하고 있다.) 그러므로 子思가 여기 첫머리에서 이를 펴 밝힌 것이니 읽는 자는 의당 깊이 체득하여 默識해야 할 것이다.(董子, 董仲舒가 소위 말한 도의 큰 원리는 하늘에서 나왔다고 한 것이 역시 이러한 뜻이다.)

 * (   )안의 부분은 〈四部刊要〉본의 것이며, 괄호 안은 조선시대 〈內閣本〉의 것으로 서로 내용이 차이가 있어 이를 구분한 것임.(아래도 모두 같음)

001-㋁

離, 去聲.
○ 道者, 日用事物當行之理, 皆性之德而具於心, 無物不有, 無時不然, 所以不可須臾離也. 若其可離, 則爲外物而非道矣.(豈率性之謂哉!) 是以君子之心常存敬畏, 雖不見聞, 亦不敢忽, 所以存天理之本然, 而不使離於須臾之頃也.

離는 去聲이다.
○ 道란 日用·事物에 당연히 행해야 할 理로서 모두가 性의 德이면서 마음에 갖추어져 있어, 이를 가지고 있지 않은 물건이 없고, 그렇지 않은 때가 없으니 須臾라도 떨어질 수 없는 것이다. 만약 그것이 가히 떨어질 수 있는 것이라면 이는 外物이며 도가 아니다.(어찌 率性이라 말할 수 있으리오!) 이 까닭으로 군자의 마음은 항상 敬畏를 존속시켜 비록 듣고 보지 못한다 해도 역시 감히 경솔히 하지 못하는 것이니, 이 때문에 天理의 本然을 존속시켜 잠시의 시간 중에도 이를 떠나지 않게 하는 것이다.

001-㋃

見, 音現.
○ 隱, 暗處也. 微, 細事也. 獨者, 人所不知而己所獨知之地也. 言:「幽暗之中, 細微之事, 跡雖未形而幾則已動, 人雖不知而己獨知之, 則是天下之事無有著見明

顯而過於此者. 是以君子旣常戒懼, 而於此尤加謹焉.」所以遏人欲於將萌, 而不使其滋長(潛滋暗長)於隱微之中, 以至離道之遠也.

見은 음이 현(現)이다.
○ 隱은 어두운 곳이다. 微는 자질구레한 일이다. 獨은 남은 모르고 있으나 자신은 홀로 알고 있는 부분이다. "幽暗한 속, 미세한 일에서 그 흔적이 비록 아직 형성되지 않는다 해도 기미(幾微)는 이미 움직이기 시작한 것이요, 남이 비록 모르고 자신만 알고 있다 해도 이는 천하의 일로서 드러나 보이는 明顯함이 이보다 심한 경우가 없다. 이 때문에 군자는 미리 항상 戒懼하여 이런 면에 더욱 삼감을 가중시키는 것이다. 人欲이 장차 막 싹트려는 것을 막아 그것이 은미한 속에서 滋長(潛滋暗長: 몰래 더욱 자라남)하여 도로부터 거리가 멀어지는 경우가 없도록 하는 것이다"라고 말한 것이다.

001-㉣

樂, 音洛. 中節之中, 去聲.
○ 喜怒哀樂, 情也. 其未發, 則性也, 無所偏倚, 故謂之中. 發皆中節, 情之正也, 無所乖戾, 故謂之和. 大本者, 天命之性, 天下之理, 皆由此出, 道之體也. 達道者, 循性之謂, 天下古今之所共由, 道之用也. 此言性情之德, 以明道不可離之意.

樂은 음이 락(洛)이다. 中節의 中은 去聲이다.
○ 喜怒哀樂은 情이다. 그것이 아직 발현되지 않은 것이 性이다. 偏倚(치우치거나 기댐)됨이 없으니, 그러므로 中이라 일컫는다. 발현되어 모두가 節에 맞으니 情의 正이요 괴려(乖戾)됨이 없으니 和라 일컫는 것이다. 大本이란 天命之性으로 天下之理가 모두 여기에서 출발하므로 道의 本體이다. 達道란 性을 따름을 말하니, 천하고금이 함께 말미암는 바이다. 이는 性情之德을 말한 것으로 道는 가히 떠날 수 없다는 뜻을 밝힌 것이다.

001-㉤

致, 推而極之也. 位者, 安其所也. 育者, 遂其生也. 自戒懼而約之, 以至於至靜之中, 無少(所)偏倚, 而其守不失, 則極其中而天地位矣. 自謹獨而精之, 以至於應物之處,

無少差謬, 而無適不然, 則極其和而萬物育矣. 蓋天地萬物, 本吾一體, 吾之心正, 則天地之心亦正矣, 吾之氣順, 則天地之氣亦順矣. 故其效驗至於如此. 此學問之極功·聖人之能事, 初非有待於外, 而脩(修)道之敎亦在其中矣. 是其一體一用, 雖有動靜之殊, 然必其體立而後用有以行, 則其實亦非有兩事也. 故於此, 合而言之, 以結上文之意.

致는 미루어 이를 극진히 함이다. 位란 그 있는 곳을 편안히 여김이요, 育이란 그 삶을 이루어 줌이다. 戒懼하여 이를 요약함으로부터 지극히 고요함 속에 조금도 偏倚되는 바 없이 지켜서 잃지 않음에 이른다면, 그 中을 지극히 하여 천지가 자리를 지킬 것이다. 謹獨하여 이를 精하게 함으로부터 물건에 대응하는 곳에 조금의 차이나 오류도 없이, 가는 곳마다 그렇지 않음이 없음에 이른다면 그 和를 극진히 하여 만물이 길러질 것이다. 대체로 천지만물은 근본이 나와 一體이니 나의 마음이 바르다면 天地之心 역시 바를 것이며, 나의 氣가 순하다면 天地之氣도 역시 순하게 될 것이다. 그러므로 효험이 이와 같음에 이르게 된다. 이것이 학문의 極功이요, 성인의 能事로서 당초 밖을 기다릴 것이 아니니, 修道의 가르침 역시 그 안에 있는 것이다. 이러한 一體一用은 비록 動靜의 차이가 있으나 반드시 그 체가 세워진 다음에 用이 실행될 수 있으니, 그 사실에 있어서는 역시 두 가지 일이 아니다. 그러므로 여기에서 합하여 이를 말하여 윗글의 뜻을 종결한 것이다.

우(右, 이상)은 제1장이다. 자사子思가 전수한 바의 뜻을 기술하여 말로 세워, 첫머리에는 도道의 근본이 원래 하늘에서 나와 바꿀 수 없으며, 그 실체는 자신에게 갖추어져 분리될 수 없음을 밝히고, 그 다음으로 존양存養과 성찰省察의 요체를 말하였으며, 끝으로 성신聖神과 공화功化의 지극함을 말하였다. 대체로 배우는 자는 여기에서 이를 자신에게 돌이켜 구하여 스스로 터득하고, 밖으로부터의 사사로움을 제거하고, 본연지선本然之善을 충만하게 하도록 할 것이니 양씨楊時가 말한 바 "한편의 요체體要"가 이것이다.

그 아래 10장은 대체로 자사가 부자夫子, 孔子의 말을 인용하여 이 장의 뜻을 마감한 것이다.

右第一章. 子思述所傳之意以立言: 首明道之本原出於天而不可易, 其實體備於己而不可離, 次言存養・省察之要, 終言聖神・功化之極. 蓋欲學者於此, 反求諸身而自得之, 以去夫外誘之私, 而充其本然之善, 楊氏所謂「一篇之體要」是也. 其下十章, 蓋子思引夫子之言, 以終此章之義.

【楊氏】양시(楊時, 1053~1135), 자는 中立, 宋나라 將樂人. 程顥, 程頤에게 배웠으며 만년에 龜山에 은거하여 龜山先生이라 불림. 《二程粹言》,《龜山集》등의 저술이 있으며, 朱熹와 張栻의 학문은 이 楊時에게서 나왔음.

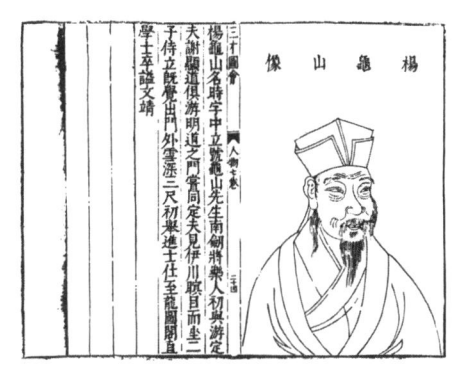

楊時(龜山先生)《三才圖會》

제2장

중니仲尼가 말하였다.
 "군자는 중용中庸을 하고 소인은 중용中庸에 반대로 한다. 군자가 중용을 함은 군자이면서 시의時宜에 맞게 함이요, 소인의 중용은 소인이면서 도리어 꺼림이 없게 함이다."

> 仲尼曰:「君子中庸, 小人反中庸.㊀ 君子之中庸也, 君子而時中; 小人之中庸也, 小人而無忌憚也.」㊁

【仲尼】孔子, 이름은 丘, 자는 仲尼.

◉ 諺解

　　　仲尼(듕니)ㅣ 골으샤딕 君子(군ᄌ)는 中庸(듕용)이오 小人(쇼신)은 中庸(듕용)에 反(반)ᄒ니라

君子(군ᄌ)의 中庸(듕용)은 君子(군ᄌ)ㅣ오 時(시)로 中(듕)홈이오 小人(쇼신)의 中庸(듕용)에 反(반)홈은 小人(쇼신)이오 忌憚(긔탄)홈이 업슴이니라

　　　仲尼(듕니)ㅣ ᄀᆞᄅᆞ샤딕 君子(군ᄌ)는 中庸(듕용)ᄒ고 小人(쇼인)은 中庸(듕용)의 反(반)ᄒᄂ니라

君子(군ᄌ)의 中庸(듕용)호믄 君子(군ᄌ)ㅣ오 時(시)로 中(듕)호미오 小人(쇼인)의 中庸(듕용)을 反(반)호믄 小人(쇼인)이오 忌憚(긔탄)홈이 업소미니라

◆ 集註

002-㊀

中庸者, 不偏不倚, 無過不及, 而平常之理, 乃天命所當然, 精微之極致也. 惟(唯)君子爲能體之, 小人反是.

中庸이란 치우침도 없고, 기댐도 없으며, 過도 不及도 없어 平常之理이며 바로 天命의 당연한 바요, 精微의 극치이다. 오직 군자만이 능히 이를 체득할 수 있고, 소인은 이에 반대로 한다.

002-㊁

王肅本作「小人之反中庸也」, 程子亦以爲然. 今從之.
○ 君子之所以爲中庸者, 以其有君子之德, 而又能隨時以處中也; 小人之所以反中庸者, 以其有小人之心, 而又無所忌憚也. 蓋中無定體, 隨時而在, 是乃平常之理也. 君子知其在我, 故能戒謹不睹·恐懼不聞, 而無時不中. 小人不知有此, 則肆欲妄行, 而無所忌憚矣.

〈王肅本〉에는 "小人의 反中庸이란"으로 되어 있으며 정자(程頤)도 그렇다고 여겼다. 지금 이를 따른다.

○ 군자가 중용으로 삼는 바는, 군자의 덕이 있고 다시 능히 때에 따라 中에 처하기 때문이며, 소인이 중용에 反하는 것은, 그가 소인의 마음을 가지고 게다가 거리끼는 바가 없기 때문이다. 대체로 中이란 정해진 체가 있는 것이 아니고, 때에 따라 그에 맞게 존재하는 것으로 이것이 바로 平常之理이다. 군자는 그것이 나에게 있음을 알기 때문에 능히 보이지 않는 것에 戒謹하고, 들리지 않는 것에 恐懼하여 중하지 않는 때가 없는 것이다. 소인은 이런 것이 있음을 알지 못하므로 욕심대로 하고 망령되이 행동하면서도 거리끼는 바가 없는 것이다.

【王肅】三國시대 魏나라 經學家(195~256). 자는 子雍.《尙書》,《詩》,《論語》,《三禮》,《左傳》 등의 연구에 큰 공적을 남겼으며,《孔子家語》,《孔叢子》 등은 僞作이라 하나 儒家에 큰 영향을 미침. 여기서의 〈王肅本〉이란《禮記》(中庸 부분)의 왕숙본을 뜻함.

右第二章. ㊀
이상은 제2장이다.

㊀ 此下十章, 皆論中庸以釋首章之義. 文雖不屬, 而意實相承也. 變和言庸者, 游氏曰:「以性情言之, 則曰中和; 以德行言之, 則曰中庸是也.」然中庸之中, 實兼中和之義.

이 아래의 10장은 모두가 중용을 논하여 첫 장의 뜻을 해석한 것이다. 글이 비록 속속(屬續, 연결)되지는 못하나 그 뜻은 실제로 서로 이어지고 있다. 和를 변화시켜 庸이라 말한 것에 대하여 유씨(游酢)는 "性情으로서 말하면 곧 中和라 하고, 德行으로 이를 표현하면 中庸이라 함이 이것이다"라 하였다. 그러나 中庸의 中은 사실 中和의 뜻을 겸하고 있다.

제3장

공자가 말하였다.
"중용은 그 지극하도다. 백성들이 능한 자가 드물어진지 오래되었도다."*

> 子曰:「中庸其至矣乎! 民鮮能久矣!」㊀

【至】至善至美의 뜻.
【鮮】'드물다'의 뜻, 少와 같음.
*《論語》雍也篇 146(6-27)에「子曰:『中庸之爲德也, 其至矣乎! 民鮮久矣.』」라 함.

● 諺解

陶山本 子(주)ㅣ 굴으샤되 中庸(듕용)은 그 지극ᄒᆞ며 民(민)이 能(능)홀 이 젹건디 오라니라

栗谷本 子(주)ㅣ ᄀᆞᆯᄋᆞ샤ᄃᆡ 中庸(듕용)은 그 지극ᄒᆞ며 民(민)이 能(능)ᄒᆞ리 져건디 오라니라

◆ 集註

003-㊀

鮮, 上聲, 下同.
○ 過則失中, 不及則未至, 故惟中庸之德爲至. 然亦人所同得, 初無難事, 但世教衰, 民不興行, 故鮮能之, 今已久矣. 論語無能字.

鮮은 上聲이며 아래도 같다.
○ 지나치면(過) 中을 잃고 미치지 못하면(不及) 이르지 못한다. 그러므로 오직 중용의 덕만이 능히 이를 수 있다. 그러나 역시 사람이 똑같이 얻은 바이므로 처음에는 어려운 일이 없다. 다만 세상의 교화가 쇠하여, 백성이 일어나 행하지 않는 것이니 그 때문에 이를 능히 하는 자가 적었으며 지금은 그런 상태가 오래된 것이다. 《論語》(雍也篇 146, 6-27. 子曰:「中庸之爲德也, 其至矣乎! 民鮮久矣.」)에는 能자가 없다.

右第三章.
이상은 제3장이다.

제4장

공자가 말하였다.

"도가 행해지지 못함을 내 알았도다. 지혜로운 자는 이에 지나치고, 어리석은 자는 미치지 못하기 때문이다. 도가 밝혀지지 못함을 내 알았도다. 어진 자는 이에 지나치고 불초不肖한 자는 미치지 못하기 때문이다. 사람으로서 먹고 마시지 않는 이가 없건만 능히 맛을 아는 이는 적다."

> 子曰:「道之不行也, 我知之矣. 知者過之, 愚者不及也;
> 道之不明也, 我知之矣. 賢者過之, 不肖者不及也.㊀ 人莫
> 不飮食也, 鮮能知味也.」㊁

【知者】智者와 같음.
【不肖】智의 상대어,「不肖其父」의 줄인 말이라고 함.

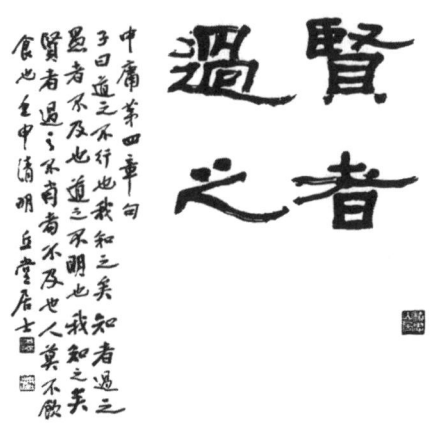

"賢者過之"구절 丘堂 呂元九(현대)

● 諺解

陶山本　子(ᄌᆞ) ㅣ 글ᄋᆞ샤딕 道(도)의 行(ᄒᆡᆼ)티 몯홈을 내 아노라 知(디)호 者(쟈)ᄂᆞᆫ 過(과)ᄒᆞ고 愚(우)호 者(쟈)ᄂᆞᆫ 及(급)디 몯ᄒᆞᄂᆞ니라 道(도)의 明(명)티 몯홈을 내 아노라 賢(현)호 者(쟈)ᄂᆞᆫ 過(과)ᄒᆞ고 不肖(블쵸)호 者(쟈)ᄂᆞᆫ 及(급)디 몯ᄒᆞᄂᆞ니라

　사ᄅᆞᆷ이 飮食(음식) 아니리 업건마ᄂᆞᆫ 能(능)히 맛 알 리 적으니라

栗谷本　子(ᄌᆞ) ㅣ ᄀᆞᄅᆞ샤딕 道(도)의 行(ᄒᆡᆼ)티 몯호믈 내 아노니 知(디)호 者(쟈)ᄂᆞᆫ 過(과)ᄒᆞ고 愚(우)호 者(쟈)ᄂᆞᆫ 及(급)디 몯홀 시오 道(도)의 明(명)티 몯홈을 내 아노니 賢(현)호 者(쟈)ᄂᆞᆫ 過(과)ᄒᆞ고 不肖(블쵸)호 者(쟈)ᄂᆞᆫ 及(급)디 몯홀 시니라

　人(인)이 飮食(음식) 아니ᄒᆞ리 업건마ᄂᆞᆫ 能(능)히 마슬 알 리 져그니라

◆ 集註

004-㊀

知者之知, 去聲.

○ 道者, 天理之當然, 中而已矣. 知愚賢不肖之過不及, 則生稟之異而失其中也. 知者知之過, 旣以道爲不足行; 愚者不及知, 又不知所以行, 此道之所以常不行也. 賢者行之過, 旣以道爲不足知; 不肖者不及行, 又不求所以知, 此道之所以常不明也.

知者의 知는 去聲이다.

○ 道란 天理의 당연함으로 中일 따름이다. 지혜로움, 어리석음, 어짊, 불초함의 過와 不及은 타고난 稟이 달라 그 中을 잃는 것이다. 知者는 이를 앎이 지나쳐 이미 도를 실행하기 족하지 못하다 여기는 것이요, 愚者는 知에 미치지 못하고, 다시 행해야 할 이유를 모르니, 이것이 도가 늘 행해지지 못하는 까닭이다. 賢者는 行이 지나쳐 이미 道를 족히 알 것이 없다고 여긴다. 不肖者는 행동에 미치지 못하고, 다시 알아야 할 이유도 요구하지 않으니 이것이 도가 항상 밝혀지지 못하는 까닭이다.

004-㊁

道不可離, 人自不察, 是以有過不及之弊.

도는 가히 떠날 수 없는 것이지만 사람이 스스로 살피지 않는다. 이 때문에 過, 不及의 폐단이 있게 되는 것이다.

右第四章.

이상은 제4장이다.

제5장

공자가 말하였다.
"도가 행해지지 못하리로다!"

子曰:「道其不行矣夫!」㊀

【夫】語氣辭, 終結辭. 乎와 같음.

● 諺解

  子(ᄌᆞ)ㅣ 굴ᄋᆞ샤디 道(도)ㅣ 그 行(ᄒᆡᆼ)티 몯ᄒᆞ린뎌

  子(ᄌᆞ)ㅣ ᄀᆞᄅᆞ샤디 道(도)ㅣ 그 行(ᄒᆡᆼ)티 몯홀 딘뎌

◆ 集註

005-㈠
夫, 音扶.
○ 由不明, 故不行.

夫는 음이 부(扶)이다.
○ 밝지 못함으로 해서 그 때문에 행하지 못하는 것이다.

右第五章.㈠
이상은 제5장이다.

㈠ 此章承上章而擧其不行之端, 以起下章之意.

이 장은 윗장을 이어받아 그 행해지지 못하는 단서를 거론하여 다음 장의 뜻을 일으킨 것이다.

제6장

공자가 말하였다.
"순舜의 그 큰 지혜여! 순은 묻기를 좋아하고 가까운 말을 살피기를 좋아하였으며, 악은 숨겨 주되 선은 들추어 날려 그 양 끝을 잡고 그 중中을 백성에게 사용하였으며 그것이 순이 된 것이로다!"

> 子曰:「舜其大知也與! 舜好問而好察邇言, 隱惡而揚善, 執其兩端, 用其中於民, 其斯以爲舜乎!」㊀

【舜】虞舜. 堯로부터 천하를 禪讓받아 선정을 베풀었으며 儒家의 聖王으로 추앙을 받음.
【知】智와 같음.
【與】歟와 같음, 감탄종결사.

【邇言】 가까운 말. 淺近하고 卑近한 말.
【兩端】 鄭玄은 「兩端, 過與不及也」라 함.

● 諺 解

陶山本　子(ᄌᆞ)ㅣ ᄀᆞᆯᄋᆞ샤ᄃᆡ 舜(슌)은 그 큰 知(디)신뎌 舜(슌)이 무름을 됴히 너기시고 邇言(ᅀᅵ언) 슬핌을 됴히 너기샤ᄃᆡ 惡(악)을 隱(은)ᄒᆞ시고 善(션)을 揚(양)ᄒᆞ시며 그 두 그틀 자브샤 그 中(듕)을 빅셩의게 쓰시니 그 이 뻐 舜(슌)되옴이신뎌

栗谷本　子(ᄌᆞ)ㅣ ᄀᆞᆯ옥샤ᄃᆡ 舜(슌)은 그 큰 知(디)신뎌 舜(슌)이 問(문)을 好(호)ᄒᆞ시며 邇言(이언) 察(찰)ᄒᆞ기ᄅᆞᆯ 好(호)ᄒᆞ샤 惡(악)을 隱(은)코 善(션)을 揚(양)ᄒᆞ시며 그 兩端(량단)을 執(집)ᄒᆞ샤 그 中(듕)을 民(민)의게 쓰시니 그 이 뻐 舜(슌)되미신뎌

◆ 集 註

006-㈠

知, 去聲. 與, 平聲. 好, 去聲.
○ 舜之所以爲大知者, 以其不自用而取諸人也. 邇言者, 淺近之言, 猶必察焉, 其無遺善可知. 然於其言之未善者則隱而不宣, 其善者則播而不匿, 其廣大光明又如此, 則人孰不樂告以善哉! 兩端, 謂衆論不同之極致. 蓋凡物皆有兩端, 如小大·厚薄之類, 於善之中又執其兩端, 而量度以取中, 然後用之, 則其擇之審而行之至矣. 然非在我之權度精切不差, 何以與此? 此知之所以無過不及, 而道之所以行也.

知는 去聲이다. 與는 平聲이다. 好는 去聲이다.
○ 舜이 大知가 되는 所以는 그가 自用한 것이 아니라 남에서 취하였기 때문이다. 邇言이란 淺近한 말인 데도 오히려 반드시 이를 살폈으니, 그가 선을 버리지 않았음을 가히 알 수 있다. 그러나 그 말이 아직 선하지 않은 자라면 숨겨

주고 드러내지 않았고, 선한 자라면 전파하여 숨기지 않았으니, 그 廣大, 光明함이 또한 이와 같았다. 그렇다면 사람 중에 그 누가 즐겨 선을 말해 주지 않았겠는가! 兩端은 여러 가지 논의가 서로 같지 않음이 끝까지 다다름을 말한다. 대체로 모든 물건은 모두가 양단이 있다. 이를테면 大小・厚薄같은 유로서 善의 가운데에서 다시 이 兩端을 잡고 그 중간 취하기를 양탁(量度)한 연후에야 이를 쓴다면 그것은 선택의 審이요, 행동의 지극함이다. 그러나 자기에게 있는 권도(權度)의 精切함에 차이가 없는 경우가 아니라면 어찌 여기에 참여할 수 있겠는가? 이는 知(智)의 過, 不及이 없는 까닭이며 도가 그 까닭으로 행해지게 되는 것이다.

右第六章.
이상은 제6장이다.

제7장

공자가 말하였다.
 "사람들이 모두 일컫되 나를 지혜롭다 하나 고화罟擭나 함정陷阱 속으로 들여보내어도 피할 줄 모른다. 사람들이 모두 나를 지혜롭다 하나 중용中庸에서 택하면서도 능히 한 달을 지켜내지 못한다."

> 子曰:「人皆曰予知, 驅而納諸罟擭陷阱之中, 而莫之知辟也. 人皆曰予知, 擇乎中庸而不能期月守也.」㊀

【知】智와 같음.
【罟】그물. '고'로 읽음.
【擭】짐승을 잡는 기구인 덫. '화'로 읽음.
【陷阱】짐승을 잡는 구덩이나 굴.

【辟】避와 같음. '피'로 읽음.
【期月】만 한 달을 뜻함.

● 諺解

陶山本 子(ᄌᆞ)ㅣ 굴ᄋᆞ샤ᄃᆡ 사ᄅᆞᆷ이 다 굴오ᄃᆡ 내 知(디)호라 호ᄃᆡ 驅(구)ᄒᆞ야 罟(고)와 擭(화)와 陷阱(함졍)ㅅ 가온ᄃᆡ 納(납)호ᄃᆡ 辟(피)ᄒᆞᆯ 줄을 아디 몯ᄒᆞ며 사ᄅᆞᆷ이 다 굴오ᄃᆡ 내 知(디)호라 호ᄃᆡ 中庸(듕용)을 굴희야 能(능)히 期月(긔월)도 딕희디 몯ᄒᆞᄂᆞ니라

栗谷本 子(ᄌᆞ)ㅣ ᄀᆞᆯᄋᆞ샤ᄃᆡ 人(인)이 다 굴오ᄃᆡ 내 知(디)호라 호ᄃᆡ 모라 罟(고)와 擭(화)와 陷阱(함졍) 가온ᄃᆡ 녀호매 辟(피)호믈 아디 몯ᄒᆞ며 人(인)이 다 굴오ᄃᆡ 내 知(디)호라 호ᄃᆡ 中庸(듕용)의 擇(택)ᄒᆞ야 能(능)히 期月(긔월)도 守(수)티 몯ᄒᆞᄂᆞ니라

◆ 集註

007-㊀

予知之知, 去聲. 罟, 音古. 擭, 胡化反. 阱, 才性反. 辟, 避同. 期, 居之反.
○ 罟, 網也; 擭, 機檻也; 陷阱, 坑坎也; 皆所以掩取禽獸者也. 擇乎中庸, 辨別衆理, 以求所謂中庸, 卽上章好問用中之事也. 期月, 匝一月也. 言: 「知禍而不知辟, 以況能擇而不能守, 皆不得爲知也.」

予知의 知는 去聲이다. 罟는 음이 고(古)이다. 擭은 「胡化反」(화)이다. 阱은 「才性反」(졍)이다. 辟은 避와 같다. 期는 「居之反」(기)이다.
○ 罟는 그물이다. 擭은 機檻(덫, 가두는 기구)이다. 陷阱은 갱감(坑坎, 굴이나 구덩이)이다. 모두가 금수를 엄취(掩取)하기 위한 것이다. 擇乎中庸이란 여러 가지 이치를 변별하여 소위 중용이라 하는 것을 구하는 것이니, 바로 윗장의 「好問用中」의 일이다. 期月은 만 한 달로 되돌아옴이다. "화를 알면서도 피할 줄 모른다는

것은, 상황으로 보아 능히 택하고서도 지키지 못하는 것이니 모두가 知가 될 수 없다"라고 말한 것이다.

右第七章.㊀

이상은 제7장이다.

㊀ 承上章大知而言, 又擧不明之端, 以起下章也.

윗장의 대화를 이어받아 말한 것이며, 다시 밝혀지지 못하는 단서를 거론하여 아랫장을 일으킨 것이다.

제8장

공자가 말하였다.
"안회顔回의 사람됨은 중용中庸에서 택하여 하나의 선善을 얻으면 이를 받들어 간직하여 가슴에 담은 채 잃지 않는다."

> 子曰:「回之爲人也, 擇乎中庸, 得一善, 則拳拳服膺 而弗失之矣.」㊀

【回】 顔回, 자는 子淵. 공자의 제자. 32세로 일찍 죽음.
【拳拳】 공경히 받들어 지니고 있는 모습.
【服膺】 가슴에 지니고 있다는 뜻임.

◉ 諺解

　子(주)ㅣ 골ㅇ샤딘 回(회)ㅣ 사름이론디 中庸(듕용)을 굴히야 ᄒᆞᆫ 善(션)을 어드면 拳拳(권권)히 膺(응)에 服(복)ᄒᆞ야 일티 아니ᄒᆞᄂᆞ니라

　子(주)ㅣ ᄀᆞᆯᆞ샤딘 回(회)의 사름이론디 中庸(듕용)의 擇(택)ᄒᆞ야 ᄒᆞᆫ 善(션)을 어드면 拳拳(권권)히 膺(응)의 服(복)ᄒᆞ야 失(실)티 아닛ᄂᆞ니라

◆ 集註

008-㈠

回, 孔子弟子顏淵名. 拳拳, 奉持之貌. 服, 猶著也. 膺, 胸也. 奉持而著之心胸之間, 言能守也. 顏子蓋眞知之, 故能擇能守如此, 此行之所以無過不及, 而道之所以明也.

回는 공자 제자인 顏淵의 이름이다. 拳拳은 받들어 지니고 있는 모습이다. 服은 착(著)과 같다. 膺은 가슴이다. 받들어 지니어 心胸之間에 붙여 둠은 능히 지킴을 말한다. 안자는 대체로 진실되게 이를 알았다. 그러므로 능히 택하고, 능히 지켜냄이 이와 같았던 것이다. 이는 행동이 過, 不及이 없을 수 있는 所以요, 道가 밝아지게 되는 所以이다.

右第八章.

이상은 제8장이다.

제9장

공자가 말하였다.
"천하의 국가를 가히 고르게 할 수 있으며, 작록도 가히 사양할 수 있으며, 흰 칼날도 가히 밟을 수 있다. 그러나 중용中庸은 능히 해낼 수 없다."

> 子曰:「天下國家, 可均也; 爵祿, 可辭也; 白刃, 可蹈也; 中庸, 不可能也.」㊀

【均】고르게 함. 均富를 이룸.
【辭】辭讓함.

● 諺解

陶山本   子(ᄌᆞ)ㅣ ᄀᆞᆯᄋᆞ샤딕 天下(텬하) 國家(국가)도 可(가)히 均(균)홀
꺼시며 爵祿(쟉록)도 可(가)히 辭(ᄉᆞ)홀 꺼시며 白刃(빅신)도 可(가)히
蹈(도)홀 꺼시로딕 中庸(듕용)은 可(가)히 能(능)티 몯ᄒᆞᄂᆞ니라

栗谷本   子(ᄌᆞ)ㅣ ᄀᆞᄅᆞ샤딕 天下(텬하)ㅣ며 國家(국가)를 可(가)히 均(균)홀
디며 爵祿(쟉록)을 可(가)히 辭(ᄉᆞ)홀 디며 白刃(빅인)을 可(가)히
蹈(도)홀 디어니와 中庸(듕용)은 可(가)히 能(능)티 몯홀 디니라

◆ 集 註

009-㊀

均, 平治也. 三者亦知仁勇之事, 天下之至難也, 然不必其合於中庸, 則質之近似者,
皆能以力爲之. 若中庸, 則雖不必皆如三者之難, (然皆倚於一偏, 故資之近而力能
勉者, 皆足以能之, 至於中庸, 雖若易能,) 然非義精仁熟, 而無一毫人欲之私者,
不能及也. 三者難而易, 中庸易而難, 此民之所以鮮能也.

均은 공평하게 다스림이다. 세 가지는 역시 知(智)·仁·勇의 일로서 천하에
지극히 어려운 것이다. 그러나 그것이 반드시 中庸에 합당하지 않아도 된다면,
바탕이 이와 근사한 것만으로도 모두 능히 힘으로 해낼 수 있다. 만약 중용이어야
한다면, 비록 반드시 모두가 세 가지의 어려움만 같지는 않다 하더라도 (그러나
모두가 한 쪽으로 치우쳐 그 때문에 자질이 가까우면서 힘으로 능히 근면히 하는 자는 모두가 족히 이를
해낼 수가 있다. 중용에 이르러서라면 비록 마치 능히 하기가 쉬운 것 같으나) 義精仁熟하여 털끝만큼의
人欲의 사사로움이 없는 자가 아니라면 능히 미칠 수가 없는 것이다. 세 가지는
어려우면서도 쉬운 것이요, 중용은 쉬우면서도 어려운 것이니 이것이 백성으로서
능한 자가 드문 이유이다.

右第九章.㊀

이상은 제9장이다.

㊀ 亦承上章以起下章.

역시 윗장을 이어받아 아랫장을 일으킨 것이다.

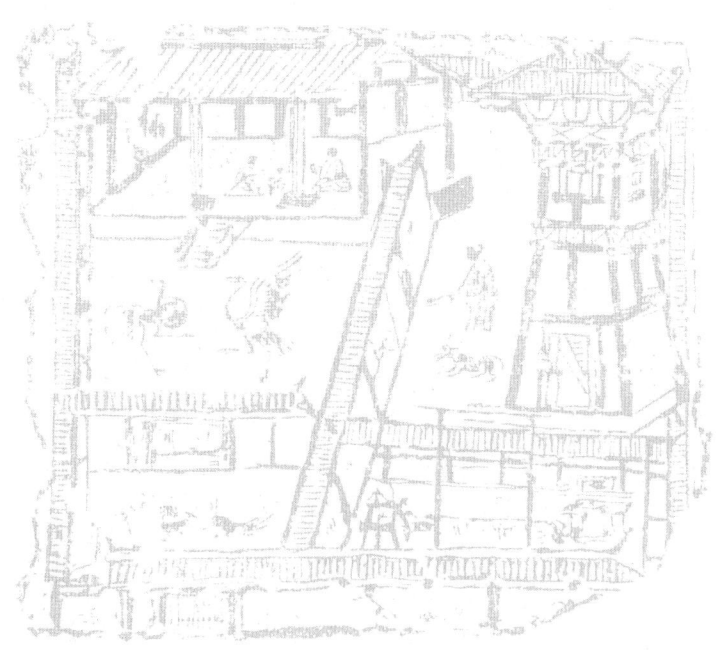

제10장

자로子路가 강強에 대하여 묻자 공자가 이렇게 설명하였다.
"남방의 강함이냐? 북방의 강함이냐? 아니면 너의 강함이냐? 너그럽고 부드러움으로써 가르쳐 주고 무도無道함에 대해 맞대응하지 않는 것은 남방의 강함이다. 군자가 처할 바이다. 병기와 갑옷을 깔고 앉아 죽어도 싫다하지 않는 것, 이는 북방의 강함이니 강한 자가 처할 바이다.
그러므로 군자는 화和하되 흐르지 않으니 강하도다, 굳셈이여! 중심에 서서 기대지 않으니 강하도다, 굳셈이여! 나라에 도가 있을 때에는 현달하지 않았을 때의 지킴을 바꾸지 아니하니 강하도다, 굳셈이여! 나라에 도가 없을 때에는 죽음에 이르러서도 지조를 변치 않으니 강하도다, 굳셈이여!"

> 子路問强.㊀
> 子曰:「南方之强與? 北方之强與? 抑而强與?㊁ 寬柔
> 以敎, 不報無道, 南方之强也, 君子居之.㊂ 衽金革, 死而
> 不厭, 北方之强也, 而强者居之.㊃ 故君子和而不流, 强
> 哉矯! 中立而不倚, 强哉矯! 國有道, 不變塞焉, 强哉矯!
> 國無道, 至死不變, 强哉矯!」㊄

【子路】孔子 제자인 仲由. 자는 子路, 혹은 季路. 勇에 관심이 많았음.
【南方之强】柔弱하여 道家的인 인내심이 많은 강함.
【北方之强】强勁하여 果敢함을 용기로 여겼음.
【抑】轉語辭. 앞뒤의 말을 轉換할 때 쓰이는 말.
【而】너(汝)와 같음.
【金革】쇠붙이 무기의 총칭.
【强哉矯】哉는 감탄사, 矯는 강한 모습.
【塞】궁색함. 아직 顯達하지 못함을 뜻함.

● 諺 解

　　　　子路(ᄌ로)ㅣ 强(강)을 묻ᄌ온대
　　　　子(ᄌ)ㅣ 굴ᄋ샤ᄃᆡ 南方(남방)의 强(강)가 北方(븍방)의 强(강)가
　　　　　네의 强(강)가
寬(관)ᄒ며 柔(슈)ᄒ야 ᄡᅥ ᄀᆞᄅ치고 道(도) 업스니를 갑디 아니 홈은 南方
(남방)의 强(강)이니 君子(군ᄌ)ㅣ 居(거)ᄒᄂ니라
　金(금)과 革(혁)을 衽(심)ᄒ야 주거도 厭(염)티 아니홈은 北方(븍방)의
强(강)이니 强(강)ᄒᆞᆫ 者(쟈)ㅣ 居(거)ᄒᄂ니라
　故(고)로 君子(군ᄌ)는 和(화)호ᄃᆡ 流(류)티 아니ᄒᄂ니 强(강)ᄒ다 矯(교)

홈이여 中立(듕립)ᄒ야 倚(의)티 아니ᄒᄂ니 强(강)ᄒ다 矯(교)홈이여 나라히 道(도)ㅣ 이숌애 塞(식)을 變(변)티 아니ᄒᄂ니 强(강)ᄒ다 矯(교)홈이여 나라히 道(도)ㅣ 업슴애 주금애 니르러도 變(변)티 아니ᄒᄂ니 强(강)ᄒ다 矯(교)홈이여

 子路(ᄌ로)ㅣ 强(강)을 問(문)ᄒ대
子(ᄌ)ㅣ ᄀᆞᄅᆞ샤ᄃᆡ 南方(남방)의 强(강)가 北方(븍방)의 强(강)가 ᄯᅩ흔 네의 强(강)가

寬柔(관유)ᄒ야 ᄡᅥ 敎(교)ᄒ고 道(도) 업슨 거슬 報(보)티 아니 호문 南方(남방)의 强(강)이니 君子(군ᄌ)ㅣ 居(거)ᄒᄂ니라

金(금)과 革(혁)을 衽(임)ᄒ야 주거도 厭(염)티 아니키ᄂ 北方(븍방)의 强(강)이니 强(강)ᄒ 者(쟈)ㅣ 居(거)ᄒᄂ니라

故(고)로 君子(군ᄌ)ᄂ 和(화)코 流(류)티 아니ᄒᄂ니 强(강)ᄒ다 矯(교)호미여 中立(듕립)ᄒ야 倚(의)티 아니ᄒᄂ니 强(강)ᄒ다 矯(교)호미여 國(국)이 道(도)ㅣ 이신 제 塞(식)을 變(변)티 아니 ᄒᄂ니 强(강)ᄒ다 矯(교)호미여 國(국)이 道(도)ㅣ 업슨 제 死(사)애 至(지)토록 變(변)티 아니ᄒᄂ니 强(강)ᄒ다 矯(교)호미여

◆ 集註

010-㈠

子路, 孔子弟子仲由也. 子路好勇, 故問强.

子路는 공자 제자인 仲由이다. 자로는 용맹을 좋아하였다. 그 때문에 强에 대하여 질문한 것이다.

010-㈡

與, 平聲.
○ 抑, 語辭. 而, 汝也.

與는 平聲이다.
○ 抑은 어사(語辭)이다. 而는 너(汝)이다.

010-㈢

寬柔以敎, 謂含容巽順, 以誨人之不及也. 不報無道, 謂橫逆之來, 直受之而不報也. 南方, 風氣柔弱, 故以含忍之力勝人爲强, 君子之道也.

寬柔以敎는 함용손순(含容巽順)하여 남의 미치지 못함을 깨우쳐 주는 것을 말한다. 不報無道는 橫逆이 다가와도 굳이 이를 수용하되 되갚지 않음을 말한다. 南方은 風氣가 유약하다. 그 때문에 含忍之力이 남보다 뛰어남을 강한 것으로 여기니 군자의 도이다.

010-㈣

衽, 席也. 金, 戈兵之屬. 革, 甲冑之屬. 北方, 風氣剛勁, 故以果敢之力勝人爲强, 强者之事也.

衽은 席이다. 金은 戈兵(무기)같은 것이며, 革은 갑주(甲冑)같은 것이다. 北方은 풍기가 강경(剛勁)하다. 그 때문에 果敢之力이 남보다 나은 것을 강의로 여긴다. 강자의 일이다.

010-㈤

此四者, 汝之所當强也. 矯, 强貌. 詩曰「矯矯虎臣」是也. 倚, 偏著也. 塞, 未達也. 國有道, 不變未達之所守; 國無道, 不變平生之所守也. 此則所謂中庸之不可能者, 非有以自勝其人欲之私, 不能擇而守也. 君子之强, 孰大於是? 夫子以是告子路者, 所以抑其血氣(氣血)之剛, 而進之以德義之勇也.

이 네 가지는 네가 의당 강하게 해야 할 바이다. 矯는 강한 모습이다. 《詩》에 "강하고 강한 虎臣이여"(《詩經》 魯頌 泮水篇)라 한 것이 이것이다. 倚는 치우쳐 밀착됨이요, 塞은 미처 현달하지 못함이다. 나라에 도가 있을 때는 미처 현달하지 못했을 때 지키던 바를 변치 아니하고, 나라에 도가 없을 때에는 평소 지키던 바를 변치 아니함이다. 이것이 소위 중용은 능히 할 수 없다고 하는 것으로, 人欲之私를 이겨내지 않고서는 능히 택하여 지켜낼 수 없다. 군자의 강함이 무엇이 이보다 크겠는가? 부자가 이로써 자로에게 고한 것은 그 血氣(氣血)之剛을 억제하여 德義之勇으로 나아가게 하기 위함이다.

右第十章.
이상은 제10장이다.

제11장

공자가 말하였다.

"숨긴 것을 찾아내고 괴이怪異함을 행동으로 하는 것은 후세에 기록해 줄 사람이 있을 것이나, 나는 이런 일을 하지 않는다. 군자가 도를 좇아 행하다가 길 반쯤에서 그만두지만, 나는 능히 그칠 수가 없다. 군자는 중용中庸에 의거하다가 세상에 은둔하여 알려지지 못한다해도 후회하지 않는 것이니, 오직 성인만이 이에 능할 것이다."

子曰:「素隱行怪, 後世有述焉, 吾弗爲之矣.㊀ 君子遵道而行, 半塗而廢, 吾弗能已矣.㊁ 君子依乎中庸, 遯世不見知而不悔, 唯聖者能之.」㊂

【素隱行怪】素는 索의 오기. 글자가 비슷하여 잘못 판각되어 이어온 것. 索隱行怪는 해를 피하려고 괴이한 행동을 하는 것. 그러나 朱子는 은벽한 이치를 찾아내고 괴이한 행동을 하는 것이라 하였음.
【塗】途와 같음. 길.
【遯】遁과 같음. 은둔의 뜻.

◉ 諺 解

陶山本　子(ᄌᆞ) ㅣ 글ᄋᆞ샤디 隱(은)을 索(싴)ᄒᆞ며 怪(괴)를 行(ᄒᆡᆼ)홈을 後世(후셰)예 述(슐)ᄒᆞ리 인ᄂᆞ니 내 ᄒᆞ디 아니ᄒᆞ노라

君子(군ᄌᆞ) ㅣ 道(도)를 조차 行(ᄒᆡᆼ)ᄒᆞ다가 塗(도)에 半(반)만 ᄒᆞ야 廢(폐)ᄒᆞᄂᆞ니 내 能(능)히 마디 몯ᄒᆞ노라

君子(군ᄌᆞ)는 中庸(듕용)을 依(의)ᄒᆞ야 世(셰)예 遯(돈)ᄒᆞ야 알옴을 보디 몯ᄒᆞ야도 뉘읏디 아니ᄒᆞᄂᆞ니 오직 聖者(셩쟈) ㅣ 아 能(능)ᄒᆞᄂᆞ니라

栗谷本　子(ᄌᆞ) ㅣ ᄀᆞᄅᆞ샤디 隱(은)을 索(싴)ᄒᆞ며 怪(괴)를 行(ᄒᆡᆼ)호믈 後世(후셰)예 述(슐)호미 잇거니와 내 ᄒᆞ디 아닛노라

君子(군ᄌᆞ) ㅣ 道(도)를 遵(쥰)ᄒᆞ야 行(ᄒᆡᆼ)ᄒᆞ다가 塗(도)애 半(반)ᄒᆞ야셔 廢(폐)ᄒᆞᄂᆞ니 내 能(능)히 마디 몯ᄒᆞ노라

君子(군ᄌᆞ)는 中庸(듕용)의 依(의)ᄒᆞ야 世(셰)를 遯(돈)ᄒᆞ야 知(디)호믈 보디 몯ᄒᆞ야도 悔(회)티 아니ᄒᆞᄂᆞ니 오직 聖(셩)흔 者(쟈) ㅣ 아 能(능)홀 디니라

◆ 集 註

011-㈠

素, 按漢書當作索, 蓋字之誤也. 索隱行怪, 言深求隱僻之理, 而過爲詭異之行也. 然以其足以欺世而盜名, 故後世或有稱述之者. 此知之過而不擇乎善; 行之過而不用其中, 不當强而强者也, 聖人豈爲之哉?

素는 《漢書》(藝文志)를 상고해보면 의당 索이어야 한다. 아마 글자가 잘못된 것이 아닌가 한다. 索隱行怪는 은벽한 이치를 깊이 찾아 지나치게 詭異한 행동을 함을 말한다. 그러나 이는 족히 세상을 속이고 명예를 도둑질 할 수 있으므로 그 때문에 후세에 간혹 이를 稱述하는 자가 있을 수 있다. 이는 知가 過하여 善에서 선택을 하지 못하는 것이며, 行이 지나쳐 그 中을 사용하지 않는 것으로써 강해서는 안 될 것을 강하게 하는 것이다. 성인이 어찌 이렇게 하겠는가?

011-㊁

遵道而行, 則能擇乎善矣; 半塗而廢, 則力之不足也. 此其知雖足以及之, 而行有不逮, 當强而不强者也. 已, 止也. 聖人於此, 非勉焉而不敢廢, 蓋至誠無息, 自有所不能止也.

도를 준수하여 행함은 능히 선에서 택하는 것이요, 중도에서 폐함은 힘이 부족하여 그렇게 하는 것이다. 이는 그 지혜는 족히 이에 미칠 수 있지만, 행동이 미치지 못함이 있어서 그러한 것이니, 마땅히 강해야 할 것에 강하지 못한 경우이다. 已는 그치는 것이다. 성인은 이에 있어서 억지로 하면서 감히 폐하지 못하는 것이 아니라, 대체로 지극한 성실로 쉬지 않아 저절로 능히 그만둘 수 없는 바가 있는 것이다.

011-㊂

不爲索隱行怪, 則依乎中庸而已. 不能半塗而廢, 是以遯世不見知而不悔也. 此中庸之成德, 知之盡·仁之至·不賴勇而裕如者, 正吾夫子之事, 而猶不自居也. 故曰唯聖者能之而已.

索隱行怪를 하지 않으니 중용에 의거할 따름이요, 중도에서 폐하지 못하니 이 까닭으로 세상을 숨어서 지혜가 알려짐을 입지 않아도 후회하지 않는 것이다. 이것이 중용의 成德이니 知의 극진함이요, 仁의 지극함이요, 勇을 기대지 않아도 裕如한 자로서 바로 우리 夫子(공자)의 일이건만 오히려 自居(自處) 하지 않았다. 그러므로 오직 성스러운 자만이 이에 능할 수 있을 뿐이라고 말한 것이다.

右第十一章.㊀

이상은 제11장이다.

㊀ 子思所引夫子之言, 以明首章之義者止此. 蓋此篇大旨, 以知仁勇三達德爲入道之門. 故於篇首, 卽以大舜·顔淵·子路之事明之, 舜, 知也; 顔淵, 仁也; 子路, 勇也: 三者廢其一, 則無以造道而成德矣. 餘見第二十章.

자사가 부자의 말을 인용하여 첫장의 뜻을 밝힌 것이 여기에서 그쳤다. 대체로 이 편의 大旨는 知, 仁, 勇의 세 가지 達德으로써 入道의 문을 삼은 것이다. 그 때문에 이 편의 첫머리에는 大舜, 顔淵, 子路의 일로써 이를 밝힌 것이다. 舜은 지(智)요, 안연은 인(仁)이며, 자로는 용(勇)이다. 세 가지 중에 한 가지라도 廢하면 道로 나아가 덕을 이루는 일을 할 수 없다. 나머지는 제20장을 보라.

제12장

군자의 도란 쓰임은 넓으나 그 실체는 작다.

부부의 어리석음으로 가히 앎에 동참할 수 있으나, 그 지극함에 미쳐서는 비록 성인이라 할지라도 역시 알 수 없는 바가 있다. 부부의 불초함으로도 가히 능히 이를 실행할 수 있으나, 그 지극함에 미쳐서는 비록 성인이라 할지라도 역시 능히 할 수 없는 바가 있다. 천지天地처럼 큰 것에게도 사람은 오리려 한스럽게 여기는 바가 있게 마련이다. 그러므로 군자가 큼을 말로 하면 천하도 능히 이를 실어 낼 수 없고, 작은 것을 말로 하면 천하도 능히 이를 깨뜨릴 수가 없다.

《시詩》에 "솔개는 하늘까지 솟아 날아오르고, 물고기는 연못에서 뛰어오르네"라 하였는데, 이는 그 상하上下가 드러남을 말한 것이다.

군자의 도는 부부에게서 시작되어 그 지극함에 이르러서는 천지에 드러나는 것이다.

君子之道費而隱.㈠
　夫婦之愚, 可以與知焉, 及其至也, 雖聖人亦有所不知焉; 夫婦之不肖, 可以能行焉, 及其至也, 雖聖人亦有所不能焉, 天地之大也, 人猶有所憾. 故君子語大, 天下莫能載焉; 語小, 天下莫能破焉.㈡
　詩云:「鳶飛戾天, 魚躍于淵.」言其上下察也.㈢
　君子之道, 造端乎夫婦, 及其至也, 察乎天地.㈣

【費】 '쓰임이 넓다'의 뜻임.
【隱】 실체가 작고 미세함을 뜻함.
【與】 참여함.
【造端】 '시작하다, 발단을 일으키다'의 뜻.

● 諺解

閩山本　君子(군ᄌᆞ)의 道(도)는 費(비)호ᄃᆡ 隱(은)ᄒᆞ니라
　夫婦(부부)의 愚(우)로도 可(가)히 뻐 與(여)ᄒᆞ야 알오ᄃᆡ 그 지극홈애 미처는 비록 聖人(셩신)이라도 ᄯᅩᆫ 아디 몯ᄒᆞ는 배 이시며 夫婦(부부)의 不肖(블쵸)로도 可(가)히 뻐 能(능)히 行(ᄒᆡᆼ)호ᄃᆡ 그 지극홈애 미처는 비록 聖人(셩신)이라도 ᄯᅩᆫ 能(능)티 몯ᄒᆞ는 배 이시며 天地(텬디)의 큼애도 사ᄅᆞᆷ이 오히려 憾(감)ᄒᆞ는 배 인ᄂᆞ니 故(고)로 君子(군ᄌᆞ)ㅣ 大(대)를 닐을 딘댄 天下(텬하)ㅣ 能(능)히 載(ᄌᆡ)티 몯ᄒᆞ며 小(쇼)를 닐을 딘댄 天下(텬하)ㅣ 能(능)히 破(파)티 몯ᄒᆞᄂᆞ니라
　詩(시)예 닐오ᄃᆡ 鳶(연)은 飛(비)ᄒᆞ야 天(텬)애 戾(려)ᄒᆞ거늘 魚(어)는 淵(연)에서 躍(약)ᄒᆞᆫ다 ᄒᆞ니 그 上下(샹하)의 察(찰)홈을 닐ᄋᆞ니라

《중용》 장구 제12장

君子(군주)의 道(도)는 端(단)이 夫婦(부부)에 造(조)하느니 그 지극홈애 미처는 天地(텬디)예 察(찰)하느니라

栗谷本　君子(군주)의 道(도)는 費(비)코 隱(은)하니라
　　夫婦(부부)의 愚(우)로 可(가)히 뻐 참예하야 알 거시로듸 그 지극호매 미처는 비록 聖人(성인)이라도 쏘한 아디 못하는 배 이시며 夫婦(부부)의 不肖(블쵸)로 可(가)히 뻐 能(능)히 行(힝)홀 거시로듸 그 지극호매 미처는 비록 聖人(성인)이라도 쏘한 能(능)티 못하는 배 이시며 天地(텬디)의 크모로도 人(인)이 오히려 憾(감)하는 배 이시니 故(고)로 君子(군주)ㅣ 大(대)를 語(어)홀 딘댄 天下(텬하)ㅣ 能(능)히 載(지)티 못하며 小(쇼)를 語(어)홀 딘댄 天下(텬하)ㅣ 能(능)히 破(파)티 못하느니라
　　詩(시)예 닐오듸 鳶(연)은 飛(비)하야 天(텬)의 戾(려)하고 魚(어)는 淵(연)의셔 躍(약)하다 하니 그 上下(샹하)의 察(찰)호믈 니르니라
　　君子(군주)의 道(도)ㅣ 夫婦(부부)의 端(단)을 造(조)하야 그 지극호매 미처는 天地(텬디)예 察(찰)하느니라

◆ 集 註

012-㈠

費, 符味反.
○ 費, 用之廣也. 隱, 體之微也.

費는 「符味反」(비)이다.
○ 費는 쓰임이 넓은 것이다. 隱은 體가 隱微함이다.

012-㈡

與, 去聲.
○ 君子之道, 近自夫婦居室之間, 遠而至於聖人天地之所不能盡, 其大無外, 其小無內, 可謂費矣. 然其理之所以然, 則隱而莫之見也. 蓋可知可能者, 道中之一事,

及其至而聖人不知不能, 則舉全體而言, 聖人固有所不能盡也.

侯氏曰:「聖人所不知, 如孔子問禮·問官之類; 所不能, 如孔子不得位·堯舜病博施之類.」

愚謂:「人所憾於天地, 如覆載生成之偏, 及寒暑災祥之不得其正者.」

與는 去聲이다.

○ 군자의 도는, 가까이는 부부의 居室 사이로부터 멀리는 성인과 천지의 다함이 없는 곳까지 이르니, 그 큼이 밖이 없고 그 작음이 안이 없어 가히 費라고 말할 수 있다. 그러나 그 이치가 그렇게 되는 바는 은미하여 보이지도 않는다. 대체로 可知와 可能이라는 것은 道 중에서도 한 가지 일로 그것이 지극하여 성인조차도 不知不能함에 이르러서는 그 전체를 들어 말한 것으로, 성인도 진실로 다하지 못하는 바가 있다는 것이다.

후씨(侯仲良)은 이렇게 말하였다. "성인이 알지 못하는 바란 이를테면 공자가 禮를 물은 것(《孔子家語》觀周篇,《史記》老子列傳), 관직에 대하여 물은 것(《左傳》昭公17년) 같은 경우이며, 불능한 바란 이를테면 공자가 지위를 갖지 못한 것(《史記》孔子世家), 요순이 博施를 병으로 여긴 것(《論語》雍也篇)과 같은 유이다."

내 생각으로는 이렇다. "사람이 天地에 대하여 遺憾을 갖는 것은 覆載·生成의 치우침과, 寒暑·災祥이 그 바름을 얻지 못한 경우 등이다."

012-㈢

鳶, 余專反.

○ 詩, 大雅旱麓之篇. 鳶, 鴟類. 戾, 至也. 察, 著也. 子思引此詩, 以明化育流行, 上下昭著, 莫非此理之用, 所謂費也. 然其所以然者, 則非見聞所及, 所謂隱也. 故程子曰:「此一節, 子思喫緊爲人處, 活潑潑地, 讀者其致思焉.」

鳶은 「余專反」(연)이다.

○《詩》는 大雅 旱麓篇이다. 鳶은 鴟類(새매, 솔개 종류)이다. 戾는 至이다. 察은 저(著)이다. 자사가 이 시를 인용, 化育이 유행하여 上下가 밝게 드러나 이러한 理의 쓰임이 아닌 것이 없음을 밝힌 것으로, 소위 말하는 費이다. 그러나 그것이 그렇게 되는 바는 見聞으로 미칠 수 있는 바가 아니니, 소위 말하는

隱이다. 그러므로 정자(程頤)는 이렇게 말하였다. "이 한 절은 자사가 사람들을 위해 끽긴(喫緊, 아주 긴요함, 쌍성어)하게 한 부분으로 活潑潑하니 독자가 그 생각을 다하여야 할 것이다."

012-㈣

結上文.

윗글을 맺은 것이다.

右第十二章. 子思之言, 蓋以申明首章「道不可離」之意也. 其下八章, 雜引孔子之言以明之.

이상은 제12장이다. 자사子思의 말은 대체로 첫머리 장의 「도불가리 道不可離」의 뜻을 거듭 밝힌 것이다. 그 아래의 여덟 장은 공자의 말을 잡다하게 인용하여 설명한 것이다.

제13장

　공자가 말하였다.
　"도는 사람에게서 멀리 있는 것이 아니다. 사람이 도를 행하면서 사람에게서 멀다면 도가 될 수가 없다.
　《시詩》에 "도끼자루로 도끼자루를 베도다. 그 법칙 멀리 있지 않도다"라 하였으니 도끼자루를 잡고서 도끼자루로 쓸 나무를 벨 때면 한눈 감고 이를 자세히 보면서 오히려 멀다고 여긴다. 그러므로 군자는 사람으로써 사람을 다스리다가 고쳐지면 그쳐 버린다.
　충서忠恕는 도와의 거리가 멀지 않으니 자기에게 시행하여 보아 원하는 것이 아니라면 역시 남에게 시행하지 말 것이니라.
　군자의 도는 네 가지가 있는데, 나丘는 이에 하나도 능한 것이 없다. 자식에게 요구하는 바로써 부모를 섬기는 것이 아직 능하지 못하며, 신하에게 요구하는 바로써 임금을 섬기는 일에 아직 능하지 못하며,

아우에게 요구하는 바로써 형을 섬기는 일에 아직 능하지 못하며, 친구에게 요구하는 바로써 먼저 이를 베푸는 일에 아직 능하지 못하다.
 떳떳한 덕의 실행과 떳떳한 말의 삼감에 부족한 바가 있으면 감히 힘쓰지 않을 수 없고, 남음이 있다고 해서 감히 끝까지 다 쓸 수 없는 것이다. 말은 행동을 돌아보고, 행동은 말을 돌아보아야 하니, 군자가 어찌 독실히 하지 않을 수 있겠는가?"

> 子曰:「道不遠人. 人之爲道而遠人, 不可以爲道.㊀
> 詩云:『伐柯伐柯, 其則不遠.』執柯以伐柯, 睨而視之, 猶以爲遠. 故君子以人治人, 改而止.㊁ 忠恕違道不遠, 施諸己而不願, 亦勿施於人㊂ 君子之道四, 丘未能一焉: 所求乎子, 以事父未能也; 所求乎臣, 以事君未能也; 所求乎弟, 以事兄未能也; 所求乎朋友, 先施之未能也. 庸德之行, 庸言之謹, 有所不足, 不敢不勉, 有餘不敢盡; 言顧行, 行顧言, 君子胡不慥慥爾!」㊃

【柯】 도끼자루.
【睨】 눈대중을 위해 비스듬히 봄. '예'로 읽음.
【忠恕】 자기 자신의 마음을 다하는 것을 忠이라 하고 이를 미루어 남에게 미치는 것을 恕라 함.
【求】 責과 같음.
【慥慥】 독실한 모습.

● 諺解

陶山本 子(ᄌᆞ)ㅣ 굴ᄋᆞ샤ᄃᆡ 道(도)ㅣ 사ᄅᆞᆷ의게 머디 아니ᄒᆞ니 사ᄅᆞᆷ이 道(도)를 호ᄃᆡ 사ᄅᆞᆷ의게 멀리 ᄒᆞ면 可(가)히 ᄡᅥ 道(도)ㅣ라 ᄒᆞ디 몯ᄒᆞ리니라

詩(시)예 닐오ᄃᆡ 柯(가)를 버힘이여 柯(가)를 버힘이여 그 則(측)이 머디 아니타 ᄒᆞ니 柯(가)를 잡아 ᄡᅥ 柯(가)를 버휴ᄃᆡ 睨(예)ᄒᆞ야 보고 오히려 ᄡᅥ 멀리 너기ᄂᆞ니 故(고)로 君子(군ᄌᆞ)ᄂᆞᆫ 사ᄅᆞᆷ으로ᄡᅥ 사ᄅᆞᆷ을 다ᄉᆞ리다가 改(기)커든 止(지)ᄒᆞᄂᆞ니라

忠(튱)과 恕(셔)ㅣ 道(도)에 違(위)홈이 머디 아니ᄒᆞ니 己(긔)예 施(시)ᄒᆞ야 願(원)티 아니홈을 ᄯᅩᄒᆞᆫ 사ᄅᆞᆷ의게 施(시)티 마롤 디니라

君子(군ᄌᆞ)의 道(도)ㅣ 네헤 丘(구)ㅣ ᄒᆞ나토 能(능)티 몯ᄒᆞ노니 아들의게 求(구)ᄒᆞᄂᆞᆫ 바로ᄡᅥ 아비 셤김을 能(능)티 몯ᄒᆞ며 신하의게 求(구)ᄒᆞᄂᆞᆫ 바로ᄡᅥ 님금 셤김을 能(능)티 몯ᄒᆞ며 아ᄋᆡ게 求(구)ᄒᆞᄂᆞᆫ 바로ᄡᅥ 兄(형) 셤김을 能(능)티 몯ᄒᆞ며 벋의게 求(구)ᄒᆞᄂᆞᆫ 바로 몬져 施(시)홈을 能(능)티 몯ᄒᆞ노니 庸(용)ᄒᆞᆫ 德(덕)을 行(ᄒᆡᆼ)ᄒᆞ며 庸(용)ᄒᆞᆫ 言(언)을 謹(근)ᄒᆞ야 不足(블죡)ᄒᆞᆫ 배 잇거든 敢(감)히 勉(면)티 아니티 아니ᄒᆞ며 有餘(유여)ᄒᆞ거든 敢(감)히 盡(진)티 아니ᄒᆞ야 말이 ᄒᆡᆼ실을 도라보며 ᄒᆡᆼ실이 말을 돌아볼 디니 君子(군ᄌᆞ)ㅣ 엇디 慥慥(조조)티 아니ᄒᆞ리오

 子(ᄌᆞ)ㅣ ᄀᆞᆯᄋᆞ샤ᄃᆡ 道(도)ㅣ 人(인)의 遠(원)티 아니ᄒᆞ니 人(인)의 道(도)를 호미 人(인)의 遠(원)케 ᄒᆞ면 可(가)히 ᄡᅥ 道(도)ㅣ라 ᄒᆞ디 몯홀디니라

詩(시)예 닐오ᄃᆡ 柯(가)를 伐(벌)ᄒᆞ기여 柯(가)를 伐(벌)ᄒᆞ기여 그 則(측)이 머디 아니타 ᄒᆞ니 柯(가)를 자바 ᄡᅥ 柯(가)를 伐(벌)호ᄃᆡ 睨(예)ᄒᆞ야 視(시)ᄒᆞ야 오히려 ᄡᅥ 머다 ᄒᆞᄂᆞ니 故(고)로 君子(군ᄌᆞ)ᄂᆞᆫ 人(인)으로ᄡᅥ 人(인)을 治(티)ᄒᆞ다가 改(기)ᄒᆞ야든 止(지)ᄒᆞᄂᆞ니라

忠恕(튱셔)ㅣ 道(도)의 違(위)호미 머디 아니ᄒᆞ니 己(긔)예 施(시)ᄒᆞ야 願(원)티 아니호믈 ᄯᅩᄒᆞᆫ 人(인)의 施(시)티 마로미니라

君子(군ᄌᆞ)의 道(도)ㅣ 네히 丘(구)ㅣ 一(일)도 能(능)티 몯ᄒᆞ노니 子(ᄌᆞ)의게 求(구)ᄒᆞᄂᆞᆫ 바로ᄡᅥ 父(부)를 셤기기를 能(능)티 몯ᄒᆞ며 臣(신)의게 求(구)ᄒᆞᄂᆞᆫ 바로ᄡᅥ 君(군)을 셤기기를 能(능)티 몯ᄒᆞ며 弟(뎨)의게 求(구)ᄒᆞᄂᆞᆫ 바로ᄡᅥ

兄(형)을 셤기기를 能(능)티 몯ᄒᆞ며 朋友(붕우)의게 求(구)ᄒᆞᄂᆞᆫ 바로 몬져 施(시)ᄒᆞ기를 能(능)티 몯ᄒᆞ노니 庸(용)ᄒᆞᆫ 德(덕)을 行(ᄒᆡᆼ)ᄒᆞ며 庸(용)ᄒᆞᆫ 言(언)을 謹(근)ᄒᆞ야 足(죡)디 몯홀 배 잇거든 敢(감)히 勉(면)티 아니티 아니ᄒᆞ며 餘(여)호미 잇거든 敢(감)히 盡(진)티 아니ᄒᆞ야 言(언)이 行(ᄒᆡᆼ)을 顧(고)ᄒᆞ며 行(ᄒᆡᆼ)이 言(언)을 顧(고)ᄒᆞ면 君子(군ᄌᆞ)ㅣ 엇디 慥慥(조조)티 아니리오

◆ 集註

013-㊀

道者, 率性而已, 固衆人之所能知能行者也, 故常不遠於人. 若爲道者, 厭其卑近以爲不足爲, 而反務爲高遠難行之事, 則非所以爲道矣.

道란 率性일 따름이니 진실로 衆人도 능히 알 수 있고, 능히 행할 수 있는 바의 것이다. 그러므로 항상 사람에게서 멀리 있지 않다. 만약 도를 실행하는 자가 그것의 卑近함을 싫어하여 족히 실행할 것이 되지 못한다고 여기면서, 반대로 高遠難行한 일을 하려고 힘쓴다면 도를 행하는 것이 아니다.

013-㊁

睨, 研計反.
○ 詩, 豳風伐柯之篇. 柯, 斧柄. 則, 法也. 睨, 邪視也. 言:「人執柯伐木以爲柯者, 彼柯長短之法, 在此柯耳. 然猶有彼此之別, 故伐者視之猶以爲遠也. 若以人治人, 則所以爲人之道, 各在當人之身, 初無彼此之別. 故君子之治人也, 卽以其人之道, 還治其人之身. 其人能改, 卽止不治. 蓋責之以其所能知能行, 非欲其遠人以爲道也.」張子所謂「以衆人望人則易從」是也.

睨는 「研計反」(예)이다.
○《詩》는 豳風 伐柯篇이다. 柯는 斧柄(도끼자루)이다. 칙(則)은 법이다. 睨는 비스듬히 보는 것이다. "사람이 도끼자루를 잡고 나무를 베어 그 나무로 도끼

자루를 만듦에, 그 도끼자루의 長短의 법칙은 이 도끼자루에 달려 있을 뿐이다. 그러나 오히려 피차의 구별이 있다. 그러므로 베는 자가 이를 눈으로 보기를 오히려 멀다고 여긴다. 만약 사람으로써 사람을 다스리면, 사람되는 도가 각기 자신에게 있어 처음에는 피차의 구별이 없다. 그 때문에 군자가 사람을 다스림에 바로 그 사람의 도로써 오히려 그 사람의 몸을 다스리게 된다. 그 사람이 능히 고치면 곧 그쳐 다스리지 않는다. 대체로 그가 능히 알고 능히 행할 수 있는 바로써 책하는 것이지, 그가 사람이 되는 도리를 멀리하게 하고자 함이 아니다"라고 말한 것이다. 張子(張載, 1020~1077, 자는 子厚, 關學派의 대두, 橫渠先生)가 말한 바 "衆人으로써 그 사람에게 바라면 쉽게 따른다"라 한 것이 이것이다.

張載(橫渠先生)《三才圖會》

013-㊂

盡己之心爲忠, 推己及人爲恕. 違, 去也. 如春秋傳「齊師違穀七里」之違. 言自此至彼, 相去不遠, 非背而去之之謂也. 道, 卽其不遠人者是也. 施諸己而不願, 亦勿施於人, 忠恕之事也. 以己之心度人之心, 未嘗不同, 則道之不遠於人者可見. 故己之所不欲, 則勿以施於人, 亦不遠人以爲道之事. 張子所謂「以愛己之心愛人則盡仁」是也.

자기 자신에게 극진히 하는 마음이 忠이며, 자신을 미루어 남에게 미치는 것이 恕이다. 違는 去이다. 이를테면 《春秋傳》의 "齊나라 군사가 穀 땅으로부터 7리 떨어져 있다"(《左傳》哀公 27년)의 違이다. 여기에서 저기까지 서로 떨어짐이 멀지 않다고 말한 것으로, 등을 돌리고 떠난다는 뜻으로 말한 것이 아니다. 道는 바로 사람에게서 멀지 않다는 것이 이것이다. 자신에게 베풀어 보아 원치 않는 것이라면 역시 남에게 베풀지 않는 것이 忠과 恕의 일이다. 자기의 마음으로 남의 마음을 촌탁(忖度)하여 같지 않은 적이 없다면, 도가 사람으로부터 멀지 않다는 것을 가히 알 수 있다. 그러므로 자신이 하고자 하지 않는다면 남에게 이를 베풀지 말 것이니, 역시 사람에게 멀지 않음을 도로 여기는 일이다. 張子(張載)가 말한 바 "자신을 아끼는 마음으로 남을 아끼면 인을 극진히 하는 것이다"라고 한 것이 이것이다.

013-㉔

子·臣·弟·友, 四字絶句.
○ 求, 猶責也. 道不遠人, 凡己之所以責人者, 皆道之所當然也, 故反之以自責而自修焉. 庸, 平常也. 行者, 踐其實. 謹者, 擇其可. 德不足而勉, 則行益力; 言有餘而訒, 則謹益至. 謹之至, 則言顧行矣; 行之力, 則行顧言矣. 慥慥, 篤實貌. 言: 「君子之言行如此, 豈不慥慥乎?」 讚美之也. 凡此皆不遠人以爲道之事. 張子所謂「以責人之心責己則盡道」是也.

子·臣·弟·友 네 글자는 끊어서 句로 한다.
○ 求는 責과 같다. 도가 사람에게 멀지 않으니 무릇 자신이 남을 책하는 것은 모두가 도에서의 당연한 바이다. 그러므로 이를 반대로 하여 스스로 책하고 스스로 수양하는 것이다. 庸은 平常이다. 行이란 그 실질을 밟는 것(실천함)이다. 謹이란 그 가한 것을 택하는 것이다. 덕이 부족함에도 힘쓴다면 행함에 더욱 힘이 있을 것이요, 말이 남아도는데도 이에 말을 줄여 참는다면 삼감이 더욱 지극해질 것이다. 삼감이 지극하면 말에 그 행동을 되돌아보게 될 것이요, 행동에 힘이 있게 되면 행동하면서 말을 되돌아보게 될 것이다. 慥慥는 독실한 모습이다. "군자의 언행은 이와 같으니, 어찌 慥慥하지 않겠는가?"라고 말한 것으로 이를 찬미한 것이다. 무릇 이는 모두가 사람으로부터 멀지 않은 것으로 도가 되는 일이다. 張子(張載)가 말한 바 "남을 책하는 마음으로 자신을 책하면 도를 극진히 하는 것이다"라 한 것이 이것이다.

右第十三章.㊀

이상은 제13장이다.

㊀ 道不遠人者, 夫婦所能, 丘未能一者, 聖人所不能, 皆費也. 而其所以然者, 則至隱存焉. 下章放此.

'道不遠人'이란 부부가 능한 바요, '丘未能一'이란 성인(공자)이 능하지 못한 바이니 모두가 費(쓰임이 넓음)이다. 그러나 그럴 수밖에 없는 것은 지극히 은미함이 거기에 있는 것이다. 다음 장도 이와 같다.

제14장

　군자는 본디 그 위치에 따라 행하되 그 밖의 것은 원하지 않는다.
　본디 지금 부귀하면 부귀함에 맞게 행동하고, 본디 지금 빈천하면 빈천함에 맞게 행동한다. 본디 지금 이적夷狄이면 이적에 맞게 행동하고, 본디 지금 환난患難에 처해 있으면 환난에 맞게 행동한다. 군자는 들어가는 곳마다 거기에 자득自得하지 못함이 없다.
　윗자리에 있어도 아랫사람을 능멸하지 않으며, 아랫자리에 있어도 윗사람을 끌어당기지 않는다. 자기를 바르게 하여 남에게 요구하지 않으면 원망이 없게 된다. 위로 하늘을 원망하지 아니하며 아래로 사람을 탓하지 않는다.* 그러므로 군자는 평이함에 거居하여 천명天命을 기다리고, 소인은 위험한 것을 행동하면서 요행을 바란다.
　공자가 말하였다.
　"활쏘기는 군자와 같음이 있으니, 정곡正鵠을 맞추지 못하였을 때 돌이켜 그 원인을 자신에게서 찾는다."

君子素其位而行, 不願乎其外.㊀

素富貴, 行乎富貴; 素貧賤, 行乎貧賤; 素夷狄, 行乎夷狄; 素患難, 行乎患難; 君子無入而不自得焉.㊁

在上位不陵下, 在下位不援上, 正己而不求於人則無怨. 上不怨天, 下不尤人.㊂ 故君子居易以俟命, 小人行險以徼幸.㊃

子曰:「射有似乎君子; 失諸正鵠, 反求諸其身.」㊄

【素】본디, 혹은 현재 처하고 있는 상황.
【夷狄】이민족을 낮추어 부르는 말.
【陵】능멸함.
【援】끌어 잡아당김.
【尤】남의 허물을 탓함. 남에게 탓을 돌림.
【居易】쉬운 데에 거함. 평소대로 살아감.
【俟命】天命을 기다림.
【正鵠】과녁의 標的.
＊《論語》憲問篇 (369, 14-37)에: 子曰:「莫我知也夫!」子貢曰:「何爲其莫知子也?」子曰:「不怨天, 不尤人, 下學而上達. 知我者其天乎!」라 함.

● 諺解

（南山本） 君子(군주)는 그 位(위)예 素(소)ᄒᆞ야셔 行(ᄒᆡᆼ)ᄒᆞ고 그 밧긔 願(원)티 아니 ᄒᆞᄂᆞ니라

富貴(부귀)예 素(소)ᄒᆞ얀 富貴(부귀)예 行(ᄒᆡᆼ)ᄒᆞ며 貧賤(빈쳔)에 素(소)ᄒᆞ얀 貧賤(빈쳔)에 行(ᄒᆡᆼ)ᄒᆞ며 夷狄(이뎍)에 素(소)ᄒᆞ얀 夷狄(이뎍)에 行(ᄒᆡᆼ)ᄒᆞ며 患難(환난)에 素(소)ᄒᆞ얀 患難(환난)에 行(ᄒᆡᆼ)ᄒᆞᄂᆞ니 君子(군주)는 든 ᄃᆡ마다 스스로 得(득)디 아니홀 ᄃᆡ 업ᄂᆞ니라

웃 位(위)예 이셔 아래를 陵(룽)티 아니ᄒᆞ며 아래 位(위)예 이셔 우흘 援(원)티 아니ᄒᆞ고 몸을 正(졍)히 ᄒᆞ고 사ᄅᆞᆷ의게 求(구)티 아니ᄒᆞ면 怨(원)이 업스리니 우흐로 하ᄂᆞᆯ을 怨(원)티 아니ᄒᆞ며 아래로 사ᄅᆞᆷ을 尤(우)티 아니ᄒᆞᄂᆞ니라
故(고)로 君子(군즈)ᄂᆞᆫ 易(이)예 居(거)ᄒᆞ야 ᄡᅥ 命(명)을 기들오고 小人(쇼신)은 險(험)에 行(ᄒᆡᆼ)ᄒᆞ야 ᄡᅥ 幸(ᄒᆡᆼ)을 徼(요)ᄒᆞᄂᆞ니라
子(즈)ㅣ ᄀᆞᄅᆞ샤ᄃᆡ 射(샤)ㅣ 君子(군즈) ᄀᆞᆮᄐᆞᆷ이 인ᄂᆞ니 正(졍)과 鵠(곡)애 失(실)ᄒᆞ고 도라 그 몸애 求(구)ᄒᆞᄂᆞ니라

  君子(군즈)ᄂᆞᆫ 그 位(위)예 素(소)ᄒᆞ야 行(ᄒᆡᆼ)ᄒᆞ고 그 外(외)를 願(원)티 아닛ᄂᆞ니라
富貴(부귀)예 素(소)ᄒᆞ야 富貴(부귀)예 行(ᄒᆡᆼ)ᄒᆞ며 貧賤(빈쳔)의 素(소)ᄒᆞ야 貧賤(빈쳔)의 行(ᄒᆡᆼ)ᄒᆞ며 夷狄(이뎍)의 素(소)ᄒᆞ야 夷狄(이뎍)의 行(ᄒᆡᆼ)ᄒᆞ며 患難(환난)의 素(소)ᄒᆞ야 患難(환난)의 行(ᄒᆡᆼ)홀 디니 君子(군즈)ᄂᆞᆫ 入(입)ᄒᆞᄃᆡ 自得(즈득)디 몯홀 ᄃᆡ 업ᄂᆞ니라
上位(샹위)예 이셔 아래를 陵(릉)티 아니ᄒᆞ며 下位(하위)예 이셔 上(샹)을 援(원)티 아니ᄒᆞ고 己(긔)를 正(졍)코 人(인)의게 求(구)호미 업스면 怨(원)이 업슬 디니 上(샹)으로 天(텬)을 怨(원)티 아니ᄒᆞ며 下(하)로 人(인)을 尤(우)티 아닛ᄂᆞ니라
故(고)로 君子(군즈)ᄂᆞᆫ 易(이)예 居(거)ᄒᆞ야 ᄡᅥ 命(명)을 俟(ᄉᆞ)ᄒᆞ고 小人(쇼인)은 險(험)의 行(ᄒᆡᆼ)ᄒᆞ야 ᄡᅥ 幸(ᄒᆡᆼ)을 徼(요)ᄒᆞᄂᆞ니라
子(즈)ㅣ ᄀᆞᆯᆞ샤ᄃᆡ 射(샤)ㅣ 君子(군즈) ᄀᆞ토미 이시니 正(졍)과 鵠(곡)의 失(실)ᄒᆞ거든 도라 그 身(신)의 求(구)ᄒᆞᆫ다 ᄒᆞ시니라

◆ 集註

014-㊀

素, 猶見在也. 言: 「君子但因見在所居之位, 而爲其所當爲, 無慕乎其外之心也.」

素는 현재(見在, 드러나 있는 것)와 같다. "군자는 다만 현재 거하고 있는 바를 근거로 그 당연히 해야 할 바를 하는 것일 뿐, 그 밖을 사모하는 마음은 없다"라고

말한 것이다.

014-㈡

難, 去聲.
○ 此言素其位而行也.

難은 去聲이다.
○ 이는 그 평소(현재)의 위치에 따라 행함을 말한 것이다.

014-㈢

援, 平聲.
○ 此言不願乎其外也.

援은 平聲이다.
○ 이는 그 밖의 일에 소원을 두지 않음을 말한 것이다.

014-㈣

易, 去聲.
○ 易, 平地也. 居易, 素位而行也. 俟命, 不願乎外也. 徼, 求也. 幸, 謂所不當得而得者.

易는 去聲이다.
○ 易는 평평한 땅이다. 居易는 현재의 위치에 따라 행함이요, 俟命은 밖의 것을 바라지 않는 것이다. 徼은 求이다. 幸은 의당 얻어서는 안될 것을 얻음을 말한다.

014-㈤

正, 音征. 鵠, 工毒反.
○ 畫布曰正, 棲皮曰鵠, 皆侯之中・射之的也. 子思引此孔子之言, 以結上文之意

《중용》장구 제14장

正은 음이 정(征)이다. 鵠은 「工毒反」(곡)이다.

○ 그러서 펼쳐 놓은 것을 正이라 하고, 가죽을 붙여 놓은 것을 鵠이라 하니, 모두가 侯(과녁 전체)의 가운데이며 쏘아 맞추는 과녁이다. 자사가 이 공자의 말을 인용하여 윗글의 뜻을 맺은 것이다.

右第十四章.㊀

이상은 제14장이다.

㊀ 子思之言也. 凡章首無「子曰」字者放此.

자사의 말이다. 무릇 장의 첫머리에 「子曰」이란 글자가 없는 것은 이와 같다.

제15장

    군자의 도는 비유컨대 멀리 감에 반드시 가까운 데에서 시작함과 같고, 비유컨대 높은 데 오름에 반드시 낮은 곳으로부터 함과 같다.
    《시詩》에는 "아내도 자식도 뜻은 한 가지, 슬과 금이 어울리게 하기 위하듯, 형제들 한자리에 모여 앉아서, 즐기는 이 기쁨 앞서야 하리. 너의 집 제각기 마땅히 하여, 너의 처자들부터 즐겁게 하라"라 하였다.
    공자는 "그리하면 부모님이 순안順安할 것이다"라고 하였다.

> 君子之道, 辟如行遠必自邇, 辟如登高必自卑.㊀
> 詩曰:「妻子好合, 如鼓瑟琴; 兄弟旣翕, 和樂且耽; 宜爾室家, 樂爾妻帑.」㊁
> 子曰:「父母其順矣乎!」㊂

【辟】譬와 같음. '비'로 읽음.
【妻帑】妻孥와 같음. 처와 자식을 통칭함. 帑는 孥자의 오기로 봄. 帑의 원음은 탕.

● 諺解

 君子(군ᄌᆞ)의 道(도)ᄂᆞᆫ 辟(비)컨댄 먼 ᄃᆡ 行(ᄒᆡᆼ)ᄒᆞ리 반ᄃᆞ시 갓가온 ᄃᆡ로브터 홈 ᄀᆞᆮᄐᆞ며 辟(비)컨댄 노픈 ᄃᆡ 오ᄅᆞ리 반ᄃᆞ시 ᄂᆞ즌 ᄃᆡ로브터 홈 ᄀᆞᆮᄐᆞ니라

詩(시)예 ᄀᆞᆯ오ᄃᆡ 妻子(쳐ᄌᆞ)의 好(호)ᄒᆞ며 合(합)홈이 瑟(슬)과 琴(금)을 鼓(고)홈 ᄀᆞᆮᄐᆞ며 兄(형)과 弟(뎨)ㅣ 이믜 翕(흡)ᄒᆞ야 和(화)ᄒᆞ며 樂(락)ᄒᆞ고 ᄯᅩ 耽(담)혼 디라 네의 室家(실가)를 宜(의)케 ᄒᆞ며 네의 妻(쳐)와 帑(노)를 樂(락)게 ᄒᆞ다 ᄒᆞ야ᄂᆞᆯ

子(ᄌᆞ)ㅣ ᄀᆞᆯᄋᆞ샤ᄃᆡ 父母(부모)ᄂᆞᆫ 그 順(슌)ᄒᆞ시린뎌

 君子(군ᄌᆞ)의 道(도)ㅣ 辟(비)컨댄 遠(원)의 行(ᄒᆡᆼ)ᄒᆞ기 반ᄃᆞ시 邇(이)로부터 홈ᄀᆞᆮᄐᆞ며 辟(비)컨댄 高(고)의 登(등)ᄒᆞ기 반ᄃᆞ시 비(卑)로비터 홈 ᄀᆞᆮᄐᆞ니라

詩(시)예 ᄀᆞᆯ오ᄃᆡ 妻子(쳐ᄌᆞ)의 好合(호합)호미 瑟琴(슬금)을 鼓(고)홈 ᄀᆞᆮᄐᆞ며 兄弟(형뎨) 이믜 翕(흡)ᄒᆞ야 和樂(화락)ᄒᆞ고 ᄯᅩ 耽(담)ᄒᆞ도다 爾(이)의 室家(실가)를 宜(의)케 ᄒᆞ며 爾(이)의 妻帑(쳐노)를 樂(락)케 ᄒᆞ다 ᄒᆞ야ᄂᆞᆯ

子(ᄌᆞ)ㅣ ᄀᆞᄅᆞ샤ᄃᆡ 父母(부모)ㅣ 그 順(슌)홀뎌 ᄒᆞ시니라

◆ 集註

015-㈠

辟, 譬同.

辟은 譬와 같다.

015-㋁

好, 去聲. 耽, 詩作湛, 亦音耽. 樂, 音洛.
○ 詩, 小雅常棣之篇, 鼓瑟琴, 和也. 翕, 亦合也. 耽, 亦樂也. 帑, 子孫也.

好는 去聲이다. 耽은 《詩》에는 탐(湛)으로 되어 있으며 역시 음이 탐이다. 樂은 음이 락(洛)이다.
○ 《詩》는 小雅 常棣篇이다. 鼓瑟琴은 和이다. 翕은 역시 合이다. 耽은 역시 즐김(樂)이다. 帑(孥)는 자손이다.

015-㋂

夫子誦此詩而讚之曰:「人能和於妻子·宜於兄弟如此, 則父母其安樂之矣.」子思引詩及此語, 以明行遠自邇·登高自卑之意.

부자(孔子)가 이 《詩》를 외고 이렇게 찬미한 것이다. "사람이 능히 처자에게 화목하고 형제에게 마땅히 이와 같다면 부모가 이에 안락하게 될 것이다." 자사가 이 시와 이 말을 인용하여 멀리 가려면 가까운 데에서부터 하고, 높이 오르려면 낮은 곳부터 한다는 뜻을 밝힌 것이다.

右第十五章.

이상은 제15장이다.

제16장

공자가 말하였다.

"귀신의 덕됨은 풍성하도다! 보아도 보이지 않고 들어도 들리지 않지만, 물건의 본체가 되어 없어서는 안 되는 것이로다. 천하의 사람들로 하여금 재계하고 깨끗이 하고 옷을 성대히 하여 제사를 받들게 하니 양양洋洋하도다! 마치 그 위에 있는 듯이 하고, 마치 좌우에 있는 듯이 한다.

《시詩》에 '신께서 이르심은 가히 예측할 수 없으니, 하물며 소홀히 할 수야 있겠는가?'라 하였다.

무릇 미세한 것의 드러남이란 이를 진실되게 함이 가리워지지 않음이 이와 같은 것이다."

> 子曰:「鬼神之爲德, 其盛矣乎!㊀ 視之而弗見, 聽之而弗聞, 體物而不可遺.㊁ 使天下之人, 齊明盛服, 以承祭祀. 洋洋乎! 如在其上, 如在其左右.㊂ 詩曰:『神之格思, 不可度思! 矧可射思!』㊃ 夫微之顯, 誠之不可揜如此夫.」㊄

【體物】물건의 體(本令)를 이룸.
【齊明盛服】齊는 齋와 같으며 齋戒를 뜻함. '재'로 읽음. 明은 潔과 같음. 귀신을 맞기 위하여 복장을 성대히 하고 단정히 함을 뜻함.
【度】헤아림. 촌탁(忖度)과 같음.
【矧】況(하물며)과 같음. '신'으로 읽음.
【揜】掩과 같음. 덮어서 가림.

● 諺 解

陶山本
　子(ᄌᆞ)ㅣ ᄀᆞᆯ ᄋᆞ샤되 鬼神(귀신)의 德(덕)이로옴이 그 盛(셩)ᄒᆞ며 視(시)ᄒᆞ려 ᄒᆞ야도 見(견)티 몯ᄒᆞ며 聽(텽)ᄒᆞ려 ᄒᆞ야도 聞(문)티 몯ᄒᆞ되 物(믈)에 體(톄)ᄒᆞ야 可(가)히 遺(유)티 몯ᄒᆞᄂᆞ니라

　天下(텬하)읫 사ᄅᆞᆷ으로 ᄒᆡ여곰 齊(ᄌᆡ)ᄒᆞ며 明(명)ᄒᆞ며 服(복)을 盛(셩)히 ᄒᆞ야 ᄡᅥ 祭祀(졔ᄉᆞ)를 承(숭)케 ᄒᆞ고 洋洋(양양)히 그 上(샹)애 인ᄂᆞᆫ ᄃᆞᆺ ᄒᆞ며 그 左右(자우)에 잇ᄂᆞᆫ ᄃᆞᆺ ᄒᆞ니라

　詩(시)예 ᄀᆞᆯ오되 神(신)의 格(격)홈을 可(가)히 度(탁)디 몯ᄒᆞ곤 ᄒᆞ믈며 可(가)히 射(역)ᄒᆞ랴

　微(미)ᄒᆞᆫ 거시 顯(현)ᄒᆞ니 誠(셩)의 可(가)히 揜(엄)티 몯홈이 이 ᄀᆞᆮᄐᆞ뎌

栗谷本
　子(ᄌᆞ)ㅣ ᄀᆞᄅᆞ샤ᄃᆡ 鬼神(귀신)의 德(덕)이론디 그 盛(셩)ᄒᆞ며 視(시)ᄒᆞ야 見(견)티 몯ᄒᆞ며 聽(텽)ᄒᆞ야 聞(문)티 몯ᄒᆞ되 物(믈)의 體(톄)ᄒᆞ야 可(가)히 遺(유)티 몯ᄒᆞᆯ 디니라

天下(텬하)의 人(인)으로 ᄒᆡ여곰 齊(ᄌᆡ)ᄒᆞ며 明(명)ᄒᆞ며 服(복)을 盛(셩)히 ᄒᆞ야 뻐 祭祀(졔ᄉᆞ)를 承(승)호되 洋洋(양양)히 그 上(샹)의 잇ᄃᆞᆺᄒᆞ며 그 左右(자우)의 잇ᄃᆞᆺᄒᆞ니라

詩(시)예 ᄀᆞᆯ오ᄃᆡ 神(신)의 格(격)호미 可(가)히 度(탁)디 몯홀 거시온 ᄒᆞ믈며 可(가)히 射(역)홀 것가 ᄒᆞ니

微(미)의 顯(현)호미니 誠(셩)의 可(가)히 揜(엄)티 몯호미 이 ᄀᆞᆮᄐᆞ녀

◆ 集註

016-㊀

程子曰:「鬼神, 天地之功用, 而造化之迹也.」
張子曰:「鬼神者, 二氣之良能也.」
愚謂:「以二氣言: 則鬼者, 陰之靈也; 神者, 陽之靈也. 以一氣言: 則至而伸者爲神, 反而歸者爲鬼, 其實一物而已.」
爲德, 猶言性情功效.

정자(程頤)는 이렇게 말하였다.
"귀신은 天地의 功用이며 造化의 자취이다."
장자(張載)는 이렇게 말하였다.
"귀신이란 二氣의 良能이다."
내 생각으로는 이렇다. "二氣로써 말한다면 鬼란 陰의 靈이며, 神이란 陽의 영이다. 一氣로 말한다면 이르러 펼쳐진 것은 神이 되고, 되돌아서 귀의한 것은 鬼가 된다. 그러나 사실은 하나의 物일 뿐이다."
爲德은 性情·功效라는 말과 같다.

016-㊁

鬼神無形與聲, 然物之終始, 莫非陰陽合散之所爲, 是其爲物之體, 而物所不能遺也. 其言體物, 猶易所謂「幹事」.

귀신은 형체와 소리가 없다. 그러나 物의 終始는 陰陽이 합하거나 흩어져서 되지 않는 것이 없다. 이것이 물건의 체가 되는 것으로 물에서 능히 빠뜨릴 수 없는 것이다. 體物이라고 말한 것은 《周易》(文言傳)에서 말한 바「幹事」와 같다.

016-㊂

齊, 側皆反.
○ 齊之爲言齊也, 所以齊不齊而致其齊也. 明, 猶潔也. 洋洋, 流動充滿之意. 能使人畏敬奉承, 而發見昭著如此, 乃其體物而不可遺之驗也. 孔子曰:「其氣發揚于上, 爲昭明焄蒿悽愴. 此百物之精也, 神之著也.」正謂此爾.

齊는 「側皆反」(재)이다.
○ 재(齊)란 齊(제, 가지런함)란 말이다. "不齊한 것을 齊하게 하여 齋戒를 이룸이다." (《禮記》祭統篇) 明은 潔과 같다. 洋洋은 流動하여 충만하다는 뜻이다. 능히 사람으로 하여금 畏敬하고 奉承케 하면서 발현되고 환하게 드러남이 이와 같으니, 곧 그것이 物의 본체로서 가히 빠뜨릴 수 없는 징험인 것이다. 공자가 "그 氣는 위로 발양하여 昭明하고, 焄蒿悽愴(훈호처창, 향기가 서려 올라 기분을 오싹하게 함)하니 이것이 百物의 精靈이요 神의 드러남이다"(《禮記》祭義)라 하였는데 바로 이를 말한 것이다.

016-㊃

度, 待洛反. 射, 音亦, 詩作斁.
○ 詩, 大雅抑之篇. 格, 來也. 矧, 況也. 射, 厭也, 言厭怠而不敬也. 思, 語辭.

度은 「待洛反」(탁)이다. 射은 음이 역(亦)이며 《詩》에는 斁(두)로 되어 있다.
○《詩》는 大雅 抑篇이다. 格은 來이다. 矧은 況이다. 射은 厭이다. 싫어하고 게을러 공경하지 않음을 말한다. 思는 語辭이다.

016-㈤
夫, 音扶.
○ 誠者, 眞實無妄之謂. 陰陽合散, 無非實者. 故其發見之不可揜如此.

夫는 음이 부(扶)이다.
○ 誠이란 眞實無妄함을 말한다. 陰陽이 合散함은 사실이 아닌 것이 없다. 그러므로 그것이 발현함에 가히 엄폐할 수 없음이 이와 같은 것이다.

右第十六章.㈠
이상은 제16장이다.

㈠ 不見不聞, 隱也. 體物如在, 則亦費矣. 此前三章, 以其費之小者而言. 此後三章, 以其費之大者而言. 此一章, 兼費隱·包大小而言.

보이지 않고 들리지 않는 것이 隱이다. 사물의 본체가 있는 듯하니 역시 쓰임이 넓은(費) 것이다. 이 앞의 3장은 그 비(費, 쓰임이 넓음)가 작은 것으로 말한 것이고, 뒤 3장은 그 비의 큰 것으로써 말한 것이다. 이 1장은 費와 隱은 겸하고 大小를 포괄하여 말한 것이다.

제17장

공자가 말하였다.
 "순舜의 그 큰 효孝여! 덕은 성인이 되었고, 존귀함은 천자가 되었으며, 부유함은 사해四海안을 가졌으며, 종묘에서는 그에게 제향하고, 자손은 이를 보전하도다. 그러므로 대덕大德은 반드시 그 지위를 얻게 되며, 반드시 그 녹祿을 얻게 되며, 반드시 그 이름을 얻게 되며, 반드시 그 수壽를 얻게 된다. 그러므로 하늘이 만물을 생겨나게 하면서 반드시 그 재질에 근거하여 이를 독실히 한다. 따라서 심은 것은 이를 복돋워 주고, 기우는 것은 이를 엎어 버린다. 《시詩》에 '아름다운 군자시여, 밝고 밝은 훌륭한 덕. 백성에게 마땅하고 사람에게 마땅하네. 하늘로부터 복록을 받고, 보우하는 명을 받아 하늘로부터 거듭되네!'라 하였다. 그러므로 대덕은 반드시 천명을 받게 되는 것이다."

子曰:「舜其大孝也與! 德爲聖人, 尊爲天子, 富有四海之內. 宗廟饗之, 子孫保之.㊀ 故大德必得其位, 必得其祿, 必得其名, 必得其壽.㊁ 故天之生物, 必因其材而篤焉. 故栽者培之, 傾者覆之.㊂ 詩曰:『嘉樂君子, 憲憲令德! 宜民宜人, 受祿于天. 保佑命之, 自天申之!』㊃ 故大德者必受命.」㊄

【饗】 제사를 지냄.
【覆】 엎어 쓰러뜨림.
【憲憲】《詩》에는 顯顯으로 되어 있음. 밝게 빛남.
【令德】 훌륭한 덕.
【受命】 하늘로부터 명을 받음. 여기서는 天子를 뜻함.

● 諺解

陶山本   子(ᄌᆞ)ㅣ ᄀᆞᄅᆞ샤디 舜(슌)은 그 큰 孝(효)ㅣ신뎌 德(덕)은 聖人(셩신)이 되시고 尊(존)은 天子(텬ᄌᆞ)ㅣ 되시고 富(부)는 四海(ᄉᆞ해)ㅅ 內(ᄂᆡ)를 두샤 宗廟(종묘)를 饗(향)ᄒᆞ시며 子孫(ᄌᆞ손)을 保(보)ᄒᆞ시니라
　故(고)로 큰 德(덕)은 반ᄃᆞ시 그 位(위)를 어드며 반ᄃᆞ시 그 祿(록)을 어드며 반ᄃᆞ시 그 名(명)을 어드며 반ᄃᆞ시 그 壽(슈)를 언ᄂᆞ니라
　故(고)로 하ᄂᆞᆯ의 物(믈) 生(ᄉᆡᆼ)홈이 반ᄃᆞ시 그 材(ᄌᆡ)를 因(인)ᄒᆞ야 篤(독)ᄒᆞᄂᆞ니 故(고)로 栽(ᄌᆡ)ᄒᆞᆫ 者(쟈)를 培(ᄇᆡ)ᄒᆞ고 傾(경)ᄒᆞᆫ 者(쟈)를 覆(복)ᄒᆞᄂᆞ니라
　詩(시)예 ᄀᆞᆯ오ᄃᆡ 嘉樂(가락)ᄒᆞᆫ 君子(군ᄌᆞ)의 顯(현)ᄒᆞ며 顯(현)ᄒᆞᆫ 令德(령덕)이 民(민)에 宜(의)ᄒᆞ며 人(신)에 宜(의)ᄒᆞᆫ 디라 祿(록)을 하ᄂᆞᆯᄭᅴ 受(슈)ᄒᆞ거늘 保(보)ᄒᆞ며 佑(우)ᄒᆞ야 命(명)ᄒᆞ시고 하ᄂᆞᆯ로브터 申(신)타 ᄒᆞ니라
　故(고)로 큰 德(덕)은 반ᄃᆞ시 命(명)을 受(슈)ᄒᆞᄂᆞ니라

栗谷本　　子(주)ㅣ ᄀᆞᆯᄋᆞ샤ᄃᆡ 舜(슌)은 그 큰 孝(효)ㅣ신뎌 德(덕)은 聖人(셩인)이 되시고 尊(존)호미 天子(텬ᄌᆞ)ㅣ 되시고 富(부)호미 四海(ᄉᆞ히) 안흘 두샤 宗廟(종묘)ㅣ 饗(향)ᄒᆞ시며 子孫(ᄌᆞ손)이 保(보)ᄒᆞ니라

故(고)로 큰 德(덕)은 반ᄃᆞ시 그 位(위)를 어드며 반ᄃᆞ시 그 祿(록)을 어드며 반ᄃᆞ시 그 名(명)을 어드며 반ᄃᆞ시 그 壽(슈)를 어들 디니라

故(고)로 天(텬)의 物(믈)을 生(ᄉᆡᆼ)ᄒᆞ기 반ᄃᆞ시 그 材(ᄌᆡ)를 因(인)ᄒᆞ야 篤(독)ᄒᆞᄂᆞ니 故(고)로 栽(ᄌᆡ)ᄒᆞ는 者(쟈)를 培(ᄇᆡ)ᄒᆞ고 傾(경)ᄒᆞ는 者(쟈)를 覆(복)ᄒᆞᄂᆞ니라

詩(시)예 글오ᄃᆡ 嘉樂(가락)ᄒᆞᆫ 君子(군ᄌᆞ)ㅣ여 顯顯(현현)ᄒᆞᆫ 令德(령덕)이로다 民(민)의 宜(의)ᄒᆞ며 人(인)의 宜(의)ᄒᆞᆫ 디라 天(텬)의 祿(록)을 受(슈)ᄒᆞ거늘 保(보)ᄒᆞ며 佑(우)ᄒᆞ며 命(명)ᄒᆞ시고 天(텬)으로브터 申(신)ᄒᆞ시다 ᄒᆞ니

故(고)로 큰 德(덕)인 者(쟈)는 반ᄃᆞ시 命(명)을 受(슈)홀 디니라

◆ 集 註

017-㈠

與, 平聲.
○ 子孫, 謂虞思·陳胡公之屬.

與는 平聲이다.
○ 子孫은 虞思와 陳胡公 등이다.(《左傳》哀公 元年 및 襄公 25년 참조)

017-㈡

舜年百有十歲.

순임금은 나이가 110세였다.(《尙書》舜典 참조)

017-㈢

材, 質也. 篤, 厚也. 栽, 植也. 氣至而滋息爲培. 氣反而游散則覆.

材는 質이다. 篤은 厚이다. 栽는 植이다. 氣가 이르러 불어나고 번식함을 培라 하고, 기가 되돌아가 흩어지게 되면 覆이 된다.

017-㈣

詩, 大雅假樂之篇. 假, 當依此作嘉. 憲, 當依詩作顯. 申, 重也.

《詩》는 大雅 假樂篇이다. 假는 마땅히 여기에 의거하여 嘉자로 써야 할 것이다. 憲은 《詩》에 의거하여 의당 顯으로 써야 할 것이다. 申은 重이다.

017-㈤

受命者, 受天命爲天子也.

受命이란 천명을 받아 天子가 됨이다.

右第十七章. ㊀
이상은 제17장이다.

㊀ 此由庸行之常, 推之以極其至, 見道之用廣也. 而其所以然者, 則爲體微矣. 後二章亦此意.

이는 庸行의 常으로 말미암아 이를 미루어 그 지극함을 끝까지 하는 것으로, 道의 쓰임이 넓음을 나타낸 것이다. 그것이 그렇게 되는 것은 본체가 됨이 은미하기 때문이다. 뒤의 두 장도 역시 이러한 뜻이다.

제18장

공자가 말하였다.

"근심이 없는 자는 오직 문왕文王뿐이리라. 왕계王季로써 아버지를 삼으셨고 무왕이 아들이었으니, 아버지가 지으면 아들이 찬술하였다. 무왕이 태왕大王, 太王, 古公亶父, 왕계王季, 문왕文王의 서업緖業을 이었다. 한 번 융의戎衣를 입자 천하를 소유하게 되었으면서도 자신은 천하에 훌륭한 이름을 잃지 않았다. 존귀함으로는 천자가 되고, 부유하기로는 사해四海 안을 소유하였다. 종묘에서는 그를 제향하고 자손은 이를 보전하였다.

무왕이 말년에 천명을 받자, 주공周公이 문왕·무왕의 덕업을 성취시키고 태왕과 왕계를 추존하여 위로 선공先公들을 천자天子의 예로써 제사하였다. 이 예는 제후와 대부에게 통달通達하였고 사士와 서인庶人에게까지 미쳤다. 아버지가 대부가 되고 아들이 사가 되었으면, 장례는 대부의 예로써 하고 제사는 사의 예로써 하였으며, 아버지가 사가 되고 아들이 대부가 되었으면, 장례는 사의 예로써 하되 제사는 대부의 예로써 하였다.

기년상期年喪은 대부에게까지 통달되었고, 삼년상三年喪은 천자에게까지 통달되어, 부모의 상喪은 귀천에 구별이 없이 하나로 같게 된 것이다."

子曰:「無憂者其惟文王乎! 以王季爲父, 以武王爲子, 父作之, 子述之.㊀ 武王纘大王·王季·文王之緒. 壹戎衣而有天下, 身不失天下之顯名. 尊爲天子, 富有四海之內. 宗廟饗之, 子孫保之.㊁ 武王末受命, 周公成文武之德, 追王大王·王季, 上祀先公以天子之禮. 斯禮也, 達乎諸侯大夫, 及士庶人. 父爲大夫, 子爲士; 葬以大夫, 祭以士. 父爲士, 子爲大夫; 葬以士, 祭以大夫. 期之喪達乎大夫, 三年之喪達乎天子, 父母之喪無貴賤一也.」㊂

【文王】周 文王, 姬昌.
【王季】季歷, 大王(古公亶父)의 막내아들이며 문왕의 아버지. 그의 형은 太伯과 虞仲이었으며, 고공단보가 계력을 통해 姬昌에게 왕위가 이어지기를 바란다는 것을 알고 斷髮文身하고 南蠻으로가서 太伯은 吳나라의 시조가 됨.《史記》周本紀 참조.
【武王】文王의 아들이며 이름은 姬發. 紂의 무도함을 정벌함.
【纘】繼와 같음. 이어감.
【大王】古公亶父를 가리킴.
【壹戎衣】朱子는 '한번 전투복을 입다'로 보았으나 鄭玄은 壹은 殪, 戎은 大, 衣는 殷으로 보아「殪戎殷」즉, '大殷을 멸하다'로 보았음.
【周公】姬旦, 武王의 아우이며 成王(姬誦)의 숙부. 성왕을 섭정, 문물제도를 완비하여 유가의 聖人으로 추앙받음.
【追王】太王과 王季의 왕호를 추증함.
【先公】太王 이상의 祖宗.

◉ 諺 解

陶山本　子(ᄌ)ㅣ 글ᄋ샤ᄃᆡ 근심 업스니ᄂᆞᆫ 그 오직 文王(문왕)이신뎌 王季(왕계)로ᄡᅥ 父(부) 사므시고 武王(무왕)으로ᄡᅥ 子(ᄌ) 삼으시니 父(부)ㅣ 作(작)ᄒᆞ야시ᄂᆞᆯ 子(ᄌ)ㅣ 述(슐)ᄒᆞ시니라

　武王(무왕)이 大王(태왕)과 王季(왕계)와 文王(문왕)의 緖(셔)를 니으샤 ᄒᆞᆫ 번 戎衣(융의)ᄒᆞ샤 天下(텬하)를 두샤ᄃᆡ 몸애 天下(텬하)읫 顯(현)ᄒᆞᆫ 일홈을 일티 아니ᄒᆞ샤 尊(존)은 天子(텬ᄌ)ㅣ 되시고 富(부)ᄂᆞᆫ 四海(ᄉᆞ히)ㅅ 內(ᄂᆡ)를 두샤 宗廟(종묘)를 饗(향)ᄒᆞ시며 子孫(ᄌ손)을 保(보)ᄒᆞ시니라

　武王(무왕)이 末(말)애 命(명)을 受(슈)ᄒᆞ야시ᄂᆞᆯ 周公(쥬공)이 文武(문무)ㅅ 德(덕)을 일오샤 大王(태왕)과 王季(왕계)를 조초 王(왕)ᄒᆞ시고 우흐로 先公(션공)을 祀(ᄉᆞ)ᄒᆞ샤ᄃᆡ 天子(텬ᄌ)ㅅ 禮(례)로ᄡᅥ ᄒᆞ시니 이 禮(례)ㅣ 諸侯(져후)와 태우와 밋 士(ᄉᆞ)와 庶人(셔신)의게 達(달)ᄒᆞ니 父(부)ㅣ 태위 되고 子(ᄌ)ㅣ 士(ᄉᆞ)ㅣ 되얏거든 葬(장)호ᄃᆡ 태우로ᄡᅥ ᄒᆞ고 祭(졔)호ᄃᆡ 士(ᄉᆞ)로ᄡᅥ ᄒᆞ며 父(부)ㅣ 士(ᄉᆞ)ㅣ 되고 子(ᄌ)ㅣ 태위 되얏거든 葬(장)호ᄃᆡ 士(ᄉᆞ)로ᄡᅥ ᄒᆞ고 祭(졔)호ᄃᆡ 태우로ᄡᅥ ᄒᆞ며 期(긔)ㅅ 喪(상)은 태우에 達(달)ᄒᆞ고 三年(삼년)ㅅ 喪(상)은 天子(텬ᄌ)에 達(달)ᄒᆞ니 父母(부모)ㅅ 喪(상)은 貴(귀)ᄒᆞ며 賤(쳔)ᄒᆞ니 업시 ᄒᆞᆫ 가지니라

栗谷本　子(ᄌ)ㅣ ᄀᆞᄅᆞ샤ᄃᆡ 시름 업스니ᄂᆞᆫ 그 오직 文王(문왕)이신뎌 王季(왕계)로ᄡᅥ 父(부)ㅣ 되시고 武王(무왕)으로ᄡᅥ 子(ᄌ)ㅣ 되시니 父(부)ㅣ 作(작)ᄒᆞ야시ᄂᆞᆯ 子(ᄌ)ㅣ 述(슐)ᄒᆞ시니라

　武王(무왕)이 大王(태왕)과 王季(왕계)와 文王(문왕)의 緖(셔)를 纘(찬)ᄒᆞ샤 ᄒᆞᆫ 번 戎衣(융의)호매 天下(텬하)를 두샤ᄃᆡ 모미 天下(텬하)의 顯名(현명)을 일티 아니ᄒᆞ시며 尊(존)호미 天子(텬ᄌ)ㅣ 되시고 富(부)호미 四海(ᄉᆞ히) 안흘 두샤 宗廟(종묘)ㅣ 饗(향)ᄒᆞ시며 子孫(ᄌ손)ㅣ 保(보)ᄒᆞ시니라

　武王(무왕)이 末(말)애 命(명)을 受(슈)ᄒᆞ야시ᄂᆞᆯ 周公(쥬공)이 文武(문무)의 德(덕)을 成(셩)ᄒᆞ샤 大王(태왕)과 王季(왕계)를 追王(튜왕)ᄒᆞ시고 우흐로 先公(션공)을 天子(텬ᄌ)의 禮(례)로ᄡᅥ 祀(ᄉᆞ)ᄒᆞ시니 이 禮(례)ㅣ 諸侯(져후)ㅣ며 大夫(대부)ㅣ며 밋 士(ᄉᆞ)ㅣ며 庶人(셔인)의게 達(달)ᄒᆞ니 父(부)ㅣ 大夫(대부)ㅣ 되고 子(ᄌ)ㅣ 士(ᄉᆞ)ㅣ 되면 大夫(대부)로ᄡᅥ 葬(장)코 士(ᄉᆞ)로ᄡᅥ

祭(졔)ᄒᆞ고 父(부)ㅣ 士(ᄉᆞ)ㅣ 되고 子(ᄌᆞ)ㅣ 大夫(대부)ㅣ 되면 士(ᄉᆞ)로ᄡᅥ 葬(장)코 大夫(대부)로ᄡᅥ 祭(졔)홀 디니 期(긔)읫 喪(상)은 大夫(대부)의게 達(달)ᄒᆞ고 三年(삼년)읫 喪(상)은 天子(텬ᄌᆞ)믜 達(달)ᄒᆞ니 父母(부모)의 喪(상)은 貴賤(귀쳔)업시 ᄒᆞᆫ 가지니라

◆ 集註

018-㈠

此言文王之事. 書言:「王季其勤王家」, 蓋其所作, 亦積功累仁之事也.

이는 文王의 일을 말한 것이다. 《書》에 "王季가 나라를 위해 부지런히 하였다"(武成篇)라 하였으니 대체로 그 하는 바가 역시 功을 쌓고 仁을 많이 쌓는 일이 있었을 것이다.

018-㈡

大, 音泰, 下同.
○ 此言武王之事. 纘, 繼也. 大王, 王季之父也. 書云:「大王肇基王迹」詩云「至于大王, 實始翦商」 緖, 業也. 戎衣, 甲冑之屬. 壹戎衣, 武成文, 言:「壹著戎衣以伐紂也.」

大는 음이 태(泰)이다. 아래도 같다.
○ 이는 武王의 일을 말한 것이다. 纘은 継이다. 태왕(大王)은 王季의 아버지이다. 《書》에 "태왕이 비로소 왕자의 자취를 시작하였다"(武成篇)이라 하였고, 《詩》에는 "太王에 이르러서야 실제로 商나라를 쳤다"(魯頌 閟宮)라 하였다. 緖는 業이다. 戎衣는 甲冑같은 것이다. 壹戎衣는 〈武成〉의 글로서 "한 번 전투복을 착용하고 紂를 쳤다"라는 말이다.

018-㈢

追王之王, 去聲.

○ 此言周公之事. 末, 猶老也. 追王, 蓋推文武之意, 以及乎王迹之所起也. 先公, 組紺以上至后稷也. 上祀先公以天子之禮, 又推大王·王季之意, 以及於無窮也. 制爲禮法, 以及天下, 使葬用死者之爵, 祭用生者之祿. 喪服自期以下, 諸侯絶; 大夫降, 而父母之喪, 上下同之, 推己以及人也.

追王의 王은 去聲이다.
○ 이는 周公의 일을 말한 것이다. 末은 老와 같다. 追王은 대체로 文王·武王의 뜻을 추측하여 王者의 자취가 시작된 바에까지 이르는 것이다. 先公은 組紺 위로부터 后稷까지이다. 위로는 天子의 禮로서 先公을 제사하고, 다시 太王·王季의 뜻을 미루어 무궁한 데까지 미친 것이다. 禮法을 제정하여 천하에 미치게 하되, 장례에는 죽은 자의 작위를 쓰고, 제사에는 살아 있는 자의 祿으로 하게 한 것이다. 喪服은 期年으로부터 그 이하는 제후는 끊어 버리고 大夫는 줄였으나, 父母의 상에 있어서는 上下가 똑같게 하였으니 자신을 미루어 남에게 미치게 한 것이다.

右第十八章.
이상은 제18장이다.

제19장

공자가 말하였다.

"무왕武王, 주공周公은 달효達孝로다! 무릇 효란 사람의 뜻을 잘 계승하며 사람의 일을 잘 찬술하는 것이다. 봄가을로 그 조상의 사당을 닦아, 그 종기宗器를 진열하고 그 상의裳衣를 진설하며 그 시식時食을 바쳐 올린다. 종묘의 예는 소목昭穆의 차례를 맞추기 위함이요, 작위에 차례를 둠은 귀천을 변별하기 위함이며, 여수旅酬에 아랫사람이 윗사람을 위하는 것은 천한 이에게까지 미치게 하기 위함이며, 연모燕毛는 연령의 순서를 정하기 위함이다. 그 위치를 밟고 그 예를 행하며 그 음악을 연주하며, 그 높은 바를 공경하며, 그 친한 바를 사랑하며, 죽은 이를 섬김에 살아 있을 때 섬김과 같이 하고, 없는 이를 모심을 마치 계신 분을 모시듯 하는 것, 이것이 효의 지극함이다. 교사郊社의 예는 상제上帝를 모시기 위함이며, 종묘의 예는 그 선조를 제사지내기 위함이다. 교사의 예와 체상禘嘗의 의의義에 밝으면 나라 다스림은 마치 손바닥에 놓고 보듯이 쉬운 것이다."

子曰:「武王·周公, 其達孝矣乎!㊀ 夫孝者: 善繼人之志, 善述人之事者也.㊁ 春秋脩其祖廟, 陳其宗器, 設其裳衣, 薦其時食.㊂ 宗廟之禮, 所以序昭穆也; 序爵, 所以辨貴賤也; 序事, 所以辨賢也; 旅酬下爲上, 所以逮賤也; 燕毛, 所以序齒也.㊃ 踐其位, 行其禮, 奏其樂, 敬其所尊, 愛其所親, 事死如事生, 事亡如事存, 孝之至也.㊄ 郊社之禮, 所以事上帝也; 宗廟之禮, 所以祀乎其先也. 明乎郊社之禮·禘嘗之義, 治國其如示諸掌乎.」㊅

【達孝】천하의 通孝.
【宗器】鄭玄의 註에 祭器라 함.
【時食】春夏秋冬 사시에 맞추어 올리는 제물.
【昭穆】고대 宗廟의 제도. 始祖廟를 중심으로 하여 그 아래로 아버지를 昭(左), 아들을 穆(右)으로 配享하는 것. 《禮記》 祭統편에 「夫祭有昭穆, 昭穆者, 所以別父子遠近長幼親疏之序而無亂也」라 함.
【旅酬】빈객의 자제, 형제들이 각기 술잔을 들어 年長者를 위하여 축배하는 것.
【燕毛】제사가 끝나고 宴會에서 長幼를 구분하여 자리를 정하는 것.
【郊社】郊는 祭天, 社는 祭地를 뜻함.
【禘嘗】禘는 天子가 宗廟에서 거행하는 大祭, 嘗은 가을제사.

● 諺解

子(주) ㅣ 글으샤디 武王(무왕)과 周公(쥬공)은 그 達(달)흔 孝(효) ㅣ 신뎌

孝(효)는 사름의 뜯을 善(션)히 繼(계)ᄒᆞ며 사름의 일을 善(션)히 述(슐)홈이니라

春秋(츈츄)에 그 祖廟(조묘)를 修(슈)ᄒᆞ며 그 宗器(종긔)를 陳(딘)ᄒᆞ며 그 裳衣(샹의)를 設(셜)ᄒᆞ며 그 時食(시식)을 薦(쳔)ᄒᆞᄂᆞ니라

宗廟(종묘)ㅅ 禮(례)는 뻐 昭(쇼)와 穆(목)을 序(셔)ᄒᆞᄂᆞᆫ 배오 爵(쟉)을 序(셔)홈은 뻐 貴(귀)와 賤(쳔)을 辨(변)ᄒᆞᄂᆞᆫ 배오 事(ᄉᆞ)를 序(셔)홈은 뻐 賢(현)을 辨(변)ᄒᆞᄂᆞᆫ 배오 모다 酬(슈)홈애 下(하) ㅣ 上(샹)을 爲(위)홈은 뻐 賤(쳔)에 미치ᄂᆞᆫ 배오 燕(연)애 毛(모)로 홈은 뻐 齒(치)를 序(셔)ᄒᆞᄂᆞᆫ 배니라

그 位(위)를 踐(쳔)ᄒᆞ야 그 禮(례)를 行(ᄒᆡᆼ)ᄒᆞ며 그 樂(악)을 奏(주)ᄒᆞ며 그 尊(존)ᄒᆞ더신 바를 공경ᄒᆞ며 그 親(친)ᄒᆞ더신 바를 사랑ᄒᆞ며 주근 이 섬김을 산 이 섬김 ᄀᆞ티 ᄒᆞ며 업손 이 섬김을 인ᄂᆞᆫ 이 섬기 ᄀᆞ티 홈이 孝(효)의 지극홈이니라

郊(교)와 社(샤)ㅅ 禮(례)는 뻐 上帝(샹뎨)를 섬기는 배오 宗廟(종묘)ㅅ 禮(례)는 뻐 그 先(션)을 祀(ᄉᆞ)ᄒᆞᄂᆞᆫ 배니 郊(교)와 社(샤)ㅅ 禮(례)와 禘(톄)와 嘗(샹)ㅅ 義(의)에 ᄇᆞᆰ으면 나라 다스림은 그 掌(쟝)을 봄 ᄀᆞᆮᄐᆞ뎌

子(주) ㅣ ᄀᆞᆯᄋᆞ샤디 武王(무왕)과 周公(쥬공)은 그 達(달)흔 孝(효) ㅣ 신뎌

孝(효)는 人(인)의 志(지)를 잘 繼(계)ᄒᆞ며 人(인)의 事(ᄉᆞ)를 잘 述(슐)ᄒᆞᄂᆞᆫ 者(쟈) ㅣ 니라

春秋(츈츄)애 그 祖廟(조묘)를 修(슈)ᄒᆞ며 그 宗器(종긔)를 陳(딘)ᄒᆞ며 그 裳衣(샹의)를 設(셜)ᄒᆞ며 그 時食(시식)을 薦(쳔)ᄒᆞᄂᆞ니라

宗廟(종묘)의 禮(례)는 뻐 昭穆(쇼목)을 序(셔)ᄒᆞᄂᆞᆫ 배오 爵(쟉)을 序(셔)호ᄆᆞᆫ 뻐 貴賤(귀쳔)을 辨(변)ᄒᆞᄂᆞᆫ 배오 事(ᄉᆞ)를 序(셔)호ᄆᆞᆫ 뻐 賢(현)을 辨(변)ᄒᆞᄂᆞᆫ 배오 모다 酬(슈)홀 제 下(하) ㅣ 上(샹)을 爲(위)호ᄆᆞᆫ 뻐 賤(쳔)의 逮(톄)ᄒᆞᄂᆞᆫ 배오 燕(연)애 毛(모)로 호ᄆᆞᆫ 뻐 齒(치)를 序(셔)ᄒᆞᄂᆞᆫ 배니라

그 位(위)를 踐(쳔)ᄒᆞ야 그 禮(례)를 行(ᄒᆡᆼ)ᄒᆞ며 그 樂(악)을 奏(주)ᄒᆞ며 그 尊(존)ᄒᆞ더신 바를 敬(경)ᄒᆞ며 그 親(친)ᄒᆞ더신 바를 愛(ᄋᆡ)ᄒᆞ며 死(ᄉᆞ)를

事(ᄉᆞ)호ᄃᆡ 生(싱)을 事(ᄉᆞ)홈 ᄀᆞ티 ᄒᆞ며 亡(망)을 事(ᄉᆞ)호ᄃᆡ 存(존)을 事(ᄉᆞ)홈 ᄀᆞ티 호미 孝(효)의 지극호미니라

郊社(교샤)의 禮(례)는 ᄡᅥ 上帝(샹뎨)를 事(ᄉᆞ)ᄒᆞᄂᆞᆫ 배오 宗廟(종묘)의 禮(례)는 ᄡᅥ 그 先(션)을 祀(ᄉᆞ)ᄒᆞᄂᆞᆫ 배니 郊社(교샤)의 禮(례)와 禘嘗(톄샹)의 義(의)예 明(명)ᄒᆞ면 國(국)을 治(티)ᄒᆞ기 그 掌(쟝)을 봄 ᄀᆞᆮᄐᆞ녀

◆ 集註

019-㊀

達, 通也. 承上章而言武王·周公之孝, 乃天下之人通謂之孝, 猶孟子之言「達尊」也.

達은 通이다. 윗장을 이어받아 武王·周公의 효는 바로 天下사람이 공통으로 孝라함을 말한 것으로 孟子가 말한 「達尊」《맹자》公孫丑下)과 같다.

019-㊁

上章言武王纘大王·王季·文王之緖以有天下, 而周公成文武之德以追崇其先祖, 此繼志述事之大者也. 下文又以其所制祭祀之禮, 通於上下者言之.

윗장에서는 武王이 太王·王季·文王의 緖業을 이어 천하를 소유하게 되었으며, 周公이 文王·武王의 덕을 이루어 그 선조를 추종한 것을 말하였다. 이는 繼志述事의 큰 것들이다. 아래의 문단에는 다시 그 제정한 바 祭祀의 예로써 上下에 공통되게 함을 말하였다.

019-㊂

祖廟: 天子七, 諸侯五, 大夫三, 適士二, 官師一. 宗器, 先世所藏之重器; 若周之赤刀·大訓·天球·河圖之屬也. 裳衣, 先祖之遺衣服, 祭則設之以授尸也. 時食, 四時之食, 各有其物, 如春行羔·豚·膳·膏·香之類是也.

祖廟는 天子는 7, 제후는 5, 대부는 3, 適士는 2, 官師는 1개의 사당을 세운다. 宗器는 先世부터 소장했던 重器로써 이를테면 周나라의 赤刀·大訓·天球·河圖 같은 것이다.(《書》顧命篇) 裳衣는 先祖가 남긴 의복으로 제사 때면 이를 펼쳐 尸童에게 준다. 時食은 四時의 음식에 각각 그 해당 물건이 있으니, 이를테면 봄에는 羔·豚·膳·膏·香같은 것으로 행하는 것이 이런 유이다.(《周禮》天官 庖人)

019-㉔

昭, 如字. 爲, 去聲.
○ 宗廟之次: 左爲昭, 右爲穆, 而子孫亦以爲序. 有事於太廟, 則子姓·兄弟·羣昭·羣穆咸在而不失其倫焉. 爵, 公·侯·卿·大夫也. 事, 宗祝有司之職事也. 旅, 衆也. 酬, 導飮也. 旅酬之禮, 賓弟子·兄弟之子, 各擧觶於其長而衆相酬. 蓋宗廟之中以有事爲榮, 故逮及賤者, 使亦得以申其敬也. 燕毛, 祭畢而燕, 則以毛髮之色別長幼, 爲坐次也. 齒, 年數也.

昭는 글자 그대로이다. 爲는 去聲이다.
○ 宗廟의 차례는 왼쪽은 昭, 오른쪽은 穆이 되며, 子孫 역시 이것으로 차례를 삼는다. 太廟에 제사가 있으면 子姓, 兄弟, 羣昭, 羣穆이 모두 있어 그 차례를 잃지 않는다. 爵은 公, 侯, 卿, 大夫이다. 事는 宗祝와 有司가 맡은 일이다. 旅는 衆이다. 酬는 술 마심을 인도하는 것이다. 旅酬之禮란 賓子弟, 兄弟의 아들이 각기 그 어른에게 술잔을 들어 올려 무리가 함께 서로 술을 권하는 것이다. 대체로 종묘 안에서 제사가 있음을 영광으로 여긴다. 그 때문에 천한 자에게까지 미치는 것은 역시 그 공경함을 펴게 하는 것이다. 燕毛란 제사가 끝나고 연회를 하게 되면, 모발의 색깔로써 長幼를 구별, 앉는 차례를 삼는 것이다. 齒는 나이(年數)이다.

019-㉕

踐, 猶履也. 其, 指先王也. 所尊所親, 先王之祖考·子孫·臣庶也. 始死謂之死, 旣葬則曰反而亡焉, 皆指先王也. 此結上文兩節, 皆繼志述事之意也.

踐은 履와 같다. 其는 先王을 가리킨다. 所尊所親이란 先王의 祖考, 子孫, 臣庶이다. 죽은 바로 다음을 死라 말하고, 이미 장례하고 나면 「反而亡」(돌아가 사라짐)이라 말하니, 이는 모두 선왕을 가리킨다. 이는 윗글 두 구절을 맺은 것으로 모두가 継志述事의 뜻이다.

019-㈥

郊, 祀天. 社, 祭地. 不言后土者, 省文也. 禘, 天子宗廟之大祭, 追祭太祖之所自出 於太廟, 而以太祖配之也. 嘗, 秋祭也. 四時皆祭, 舉其一耳. 禮必有義, 對舉之, 互文也. 示, 與視同. 視諸掌, 言易見也. 此與論語文意大同小異, 記有詳畧耳.

郊는 하늘에 제사지냄이요, 社는 땅에 제사지냄이다. 后土라고 말하지 않은 것은 글을 생략한 것이다. 체(禘)는 천자가 종묘에서 지내는 큰 제사로서 太祖가 나온 바를 太廟에서 추존, 제사하고 太祖로써 배향한다. 嘗은 가을제사이다. 四時에 모두 제사가 있으나, 그 중 하나만 들었을 뿐이다. 禮에는 반드시 의의가 있으니 이에 맞추어 거론한 것으로 互文이다. 示는 視와 같다. 視諸掌은 쉽게 봄을 말한다. 이는 《論語》(八佾篇. 051. 3-11)의 뜻과 대동소이하나 기록에 詳畧이 있을 따름이다.

右第十九章.

이상은 제19장이다.

제20장

애공哀公이 정치에 대하여 물었다.
공자가 이렇게 설명하였다.
"문왕文王과 무왕武王의 정치는 보시布施함이 방책方策에 있었습니다. 그러한 사람이 있으면 그러한 정치가 거행되고, 그러한 사람이 없으면 그러한 정치가 종식됩니다. 사람의 도는 정치에 빠르게 나타나고, 땅의 도는 나무에 빠르게 나타납니다. 무릇 정치라고 하는 것은 갈대蒲蘆입니다. 그러므로 정치란 사람에게 있으니 사람을 취하되 자신으로써 하고, 그 자신을 수양하되 도로써 하며, 도를 닦되 인仁으로써 해야 합니다. 인仁이란 인人이니 어버이를 친히 함이 큰 것입니다. 의義란 의宜이니 어진 이를 존경함이 큰 것입니다. 친척을 친히 함의 상쇄相殺와 어진 이를 높임의 차등에서 예가 생겨난 바입니다.
아랫자리에 있으면서 윗사람에게 믿음을 얻지 못하면 백성을 가히 다스려 낼 수가 없습니다. 그러므로 군자는 자신을 수양하지 않을 수 없으니, 수신修身을 염두에 두게 되면 어버이를 섬기지 않을 수 없고, 어버이 섬김을 염두에 두게 되면 가히 남을 이해해 주지 않을 수 없고, 남을 이해해야 함을 염두에 두게 되면 하늘을 알지 않을 수 없습니다."

천하의 달도達道가 다섯인데 이를 행하는 바는 세 가지이다.

임금과 신하이며, 아비와 자식이며, 지아비와 아내이며, 형과 아우이며, 친구 사이의 사귐이다.

이 다섯 가지는 천하의 달도達道요, 지知, 智, 인仁, 용勇 세 가지는 천하의 달덕達德이다. 이를 행하는 바는 한 가지이다. 혹은 나면서 이를 알고, 혹은 배워서 이를 알며, 혹은 곤궁하게 힘써서 이를 알아낸다. 그러나 그것을 아는 데 있어서는 하나이다. 또 혹은 편안히 이를 실행하고, 혹은 이롭다고 여겨 이를 실행하고, 혹은 억지로 이를 실행하지만 그러나 그것을 성공시킴에 있어서는 하나이다. 공자는 이렇게 말하였다.

"학문을 좋아함은 지知, 智에 가깝고, 힘써 행함은 인仁에 가까우며, 부끄러움을 아는 것은 용勇에 가깝습니다. 이 세 가지를 알게 되면 수신해야 할 바를 알게 되고, 수신해야 할 바를 알게 되면 사람을 다스릴 바를 알게 되며, 사람을 다스려야 할 바를 알게 되면 천하 국가를 다스려야 할 바를 알게 됩니다."

무릇 천하 국가를 다스리는 데에는 구경九經이 있으니 수신修身이요, 존현尊賢이요, 친친親親이요, 대신을 공경함(敬大臣)이요, 여러 신하를 몸으로 여김(體群臣)이요, 서민을 자식으로 여김(子庶民)이요, 백공을 오게 함(來百工)이요, 먼데 사람을 부드럽게 함(柔遠人)이요, 제후를 품에 안음(懷諸侯)이다.

수신하면 도가 세워지고, 어진 이를 높이면 미혹하지 않게 되며, 어버이를 친히 하면 제부諸父와 곤제昆弟가 원망하지 않게 되며, 대신大臣을 공경하면 현혹됨이 없게 되며, 여러 신하를 몸으로 여기면 선비들의 보답하는 예가 중해지며, 서민을 자식으로 여기면 백성이 권면하게 되며, 백공百工이 모여들면 재용財用이 풍족해지며, 먼데 사람을 부드럽게 하면 사방에서 귀의해 오고, 제후를 품에 안으면 천하가 두려워하게 된다.

　재계하고 깨끗이 하고 복장을 풍성히 하여, 예가 아니면 움직이지 않음은 수신하는 바요, 참소하는 자를 제거하고 여색을 멀리하며, 재물을 천히 여기고 덕을 귀하게 여김은 어짊을 권장하는 바이며, 그 직위를 존중하고 그 봉록을 중히 해 주어 그의 호오好惡에 같이해 줌은 친친親親을 권장하는 바이다. 그리고 관직을 많이 하여 부릴 사람을 임명할 수 있게 함은 대신을 권면케 하는 바요, 충忠과 신信으로 하여 녹을 중히 여김은 선비를 권면케 함이요, 때맞추어 부리고 세금을 적게 함은 백성을 권면케 함이요, 날로 살피고 달로 살피어 창고의 녹을 주되 그 일에 맞게 함은 백공을 권면케 함이요, 가는 이를 보내고 오는 이를 맞이하여 잘한 일은 칭찬하고 불능不能한 이를 불쌍히 여김은 먼데 사람을 부드럽게 함이요, 끊어지는 세대를 이어 주고 폐지되는 나라를 일으켜 주어, 혼란을 다스려 위험에서 붙잡아 주며, 조빙朝聘을 때맞추어 하여 많이 보내주고 적게 되받음은 제후를 품에 안음이다.

　무릇 일이란 미리 하면 세워지지만, 미리 하지 않으면 폐해진다. 말이란 앞서 확정하면 엎질러짐이 없고, 일이란 앞서서 확정하면 곤핍함이 없으며, 행동이란 앞서서 확정하면 병폐가 없으며, 도道란 앞서서 확정하면 궁하지 않게 된다.

　아래에 있는 자가 윗사람에게 신임을 얻지 못하면 백성을 다스려 낼 수가 없다. 윗사람에게 신임을 얻는 데에는 도가 있으니, 벗에게 믿음을 얻지 못하면 윗사람에게도 믿음을 얻을 수 없다.

　벗에게 믿음을 얻는 데에는 도가 있으니, 어버이께 순종하지 못하고는 벗에게 믿음을 얻을 수 없다. 어버이에게 순종함에는 도가 있으니, 자신에게 돌이켜보아 성실하지 못하고서는 어버이에게 순종할 수가 없다. 자신을 성실히 함에는 도가 있으니, 선善에 밝지 않고서는 자신에게

성신할 수가 없는 것이다.

성誠이란 하늘의 도요, 이를 성실하게 하는 것은 사람의 도이다. 성이란 힘쓰지 않아도 맞게 되며, 생각하지 않아도 터득되어 조용히 도에 맞으니 성인聖人의 경지요, 이를 성실히 한다는 것은 선을 택하여 이를 굳게 잡는 자의 일이다.

널리 이를 배우고, 자세히 이를 물으며, 삼가 이를 생각하고, 밝게 이를 변별하여 독실히 이를 행하여야 한다.

배우지 않음이 있을지언정 배웠다 하면 능하지 못한 채로 그대로 버려두어서는 안 되며, 묻지 않을지언정 묻게 되면 알지 못한 채로 그대로 버려두어서는 안 된다.

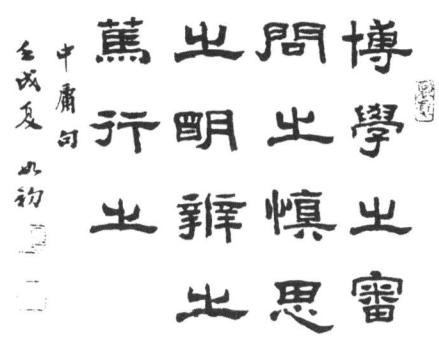

"博學之"구절. 如初 金膺顯(현대)

생각하지 않을지언정 생각했다 하면 터득하지 못한 채로 그대로 버려두어서는 안 되며, 변별하지 않을지언정 변별하고자 했다면 밝히지 못한 채로 그대로 두어서는 안 되며, 행동하지 않을지언정 행동했다 하면 독실하지 않은 채로 그대로 두어서는 안 된다.

남이 한 번해서 능하다면 자신은 백 번을 하고, 남이 열 번 해서 능하다면 자신은 천 번을 해야 한다.

과연 이런 도에 능하게 되면 비록 어리석더라도 틀림없이 밝아질 것이며, 비록 유약柔弱하다 해도 틀림없이 강해질 것이다.

哀公問政.㊀

子曰:「文武之政, 布在方策. 其人存, 則其政擧; 其人亡, 則其政息.㊁ 人道敏政, 地道敏樹. 夫政也者, 蒲盧也.㊂ 故爲政在人, 取人以身, 脩身以道, 脩道以仁.㊃ 仁者人也, 親親爲大; 義者宜也, 尊賢爲大; 親親之殺, 尊賢之等, 禮所生也.㊄ 在下位不獲乎上, 民不可得而治矣!㊅ 故君子不可以不脩身; 思脩身, 不可以不事親; 思事親, 不可以不知人; 思知人, 不可以不知天.」㊆

天下之達道五, 所以行之者三: 曰君臣也, 父子也, 夫婦也, 昆弟也, 朋友之交也: 五者天下之達道也. 知・仁・勇三者, 天下之達德也, 所以行之者一也.㊇

或生而知之, 或學而知之, 或困而知之, 及其知之一也; 或安而行之, 或利而行之, 或勉强而行之, 及其成功一也.㊈

子曰:「好學近乎知, 力行近乎仁, 知恥近乎勇.㊉ 知斯三者, 則知所以脩身; 知所以脩身, 則知所以治人; 知所以治人, 則知所以治天下國家矣.」㊊

凡爲天下國家有九經, 曰: 脩身也, 尊賢也, 親親也, 敬大臣也, 體羣臣也, 子庶民也, 來百工也, 柔遠人也, 懷諸侯也.㊋

脩身則道立, 尊賢則不惑, 親親則諸父昆弟不怨, 敬大臣則不眩, 體羣臣則士之報禮重, 子庶民則百姓勸, 來百工則財用足, 柔遠人則四方歸之, 懷諸侯則天下畏之.㊌

齊明盛服, 非禮不動, 所以脩身也; 去讒遠色, 賤貨而貴德, 所以勸賢也; 尊其位, 重其祿, 同其好惡, 所以勸親親也; 官盛任使, 所以勸大臣也; 忠信重祿, 所以勸士也; 時使薄斂, 所以勸百姓也; 日省月試, 旣稟稱事, 所以勸百工也; 送往迎來, 嘉善而矜不能, 所以柔遠人也; 繼絕世, 擧廢國, 治亂持危, 朝聘以時, 厚往而薄來, 所以懷諸侯也.⑬ 凡爲天下國家有九經, 所以行之者一也.⑭

凡事豫則立, 不豫則廢. 言前定則不跲, 事前定則不困, 行前定則不疚, 道前定則不窮.⑮

在下位不獲乎上, 民不可得而治矣; 獲乎上有道: 不信乎朋友, 不獲乎上矣; 信乎朋友有道: 不順乎親, 不信乎朋友矣; 順乎親有道: 反諸身不誠, 不順乎親矣; 誠身有道: 不明乎善, 不誠乎身矣.⑯

誠者, 天之道也; 誠之者, 人之道也. 誠者, 不勉而中, 不思而得, 從容中道, 聖人也; 誠之者, 擇善而固執之者也.⑰

博學之, 審問之, 愼思之, 明辨之, 篤行之.⑱

有弗學, 學之弗能弗措也; 有弗問, 問之弗知弗措也; 有弗思, 思之弗得弗措也; 有弗辨, 辨之弗明弗措也; 有弗行, 行之弗篤弗措也; 人一能之, 己百之; 人十能之, 己千之.⑲

果能此道矣, 雖愚必明, 雖柔必强.⑳

【哀公】춘추시대 공자와 같은 시기의 魯나라 임금, 이름은 蔣.
【文武】文王과 武王.
【布】佈와 같음. 정치를 폄.
【方策】方은 木版, 策은 竹簡. 목판과 죽간에 그 정치의 기준을 기록하여 근거로 삼음.
【蒲盧】갈대(葦), 疊韻 聯綿語의 物名. 蒲蘆와 같음.
【親親之殺】殺은 쇄. 차이를 두어 차례로 감소시킴. 最親, 次親, 遠親의 구별을 뜻함.
【困知】困而知之, 힘써 배운 다음에 알게 됨. 生知(生而知之)에 상대하여 쓴 말.
【九經】脩身, 尊賢, 親親, 敬大臣, 體羣臣, 子庶民, 來百工, 柔遠人, 懷諸侯를 가리킴.
【勸】勉과 같음. 勸勉의 뜻.
【齊明盛服】16장을 볼 것.
【繼絶世】제후 나라 중에 世系가 끊어진 경우, 이를 다시 제사지낼 수 있도록 해 줌.
【擧廢國】망해 가는 나라를 다시 일으켜 부흥시킴.
【厚往薄來】제후에게 후하게 베풀고 貢納은 적게 함.
【跲】엎어짐. 넘어짐. 겁으로 읽음.
【從容】조용함. 疊韻 聯綿語. 여기서는 平常의 조용한 행동.
【措】廢置함. 그만둠.

● 諺解

哀公(이공)이 政(졍)을 묻ᄌᆞ온대
子(ᄌᆞ)ㅣ ᄀᆞᆯᄋᆞ샤디 文武(문무)의 政(졍)이 方(방)과 策(츅)애 布(포)ᄒᆞ야 이시니 그 사ᄅᆞᆷ이 이시면 그 政(졍)이 擧(거)ᄒᆞ고 그 사ᄅᆞᆷ이 업스면 그 政(졍)이 息(식)ᄒᆞᄂᆞ니라
人(신)의 道(도)ᄂᆞᆫ 政(졍)에 ᄲᆞᄅᆞ고 地(디)의 道(도)ᄂᆞᆫ 樹(슈)에 ᄲᆞᄅᆞ니 政(졍)은 蒲盧(포로)ㅣ니라

故(고)로 政(정)을 홈이 사름에 이시니 사름을 取(취)호디 몸으로써 ᄒ고 몸을 닷고디 道(도)로써 ᄒ고 道(도)를 닷고디 仁(신)으로써 홀 띠니라

仁(신)은 人(신)이니 親(친)을 親(친)홈이 크고 義(의)는 宜(의)니 賢(현)을 尊(존)홈이 크니 親(친)을 親(친)ᄒᄂ 殺(새)와 賢(현)을 尊(존)ᄒᄂ 等(둥)이 禮(례)ㅣ生(싱)ᄒᄂ 배니라

故(고)로 君子(군ᄌ)는 可(가)히 써 몸을 닷디 아니티 몯홀 꺼시니 몸 닷곰을 싱각홀 띤댄 可(가)히 써 어버이를 셤기디 아니티 몯홀 꺼시오 어버이 셤김을 싱각홀 띤댄 可(가)히 써 사름을 아디 아니티 몯홀 꺼시오 사름 아롬을 싱각홀 띤댄 可(가)히 써 하늘을 아디 아니티 몯홀 꺼시니라

天下(텬하)엣 達(달)ᄒᆫ 道(도)ㅣ 다ᄉ새 뻐 行(힝)ᄒᄂ 밧 者(쟈)는 셰히니 골온 君臣(군신)과 父子(부ᄌ)와 夫婦(부부)와 昆弟(곤뎨)와 朋友(붕우)의 交(교)홈 다ᄉᄉᆫ 天下(텬하)엣 達(달)ᄒᆫ 道(도)ㅣ오 知(디)와 仁(신)과 勇(용) 세흔 天下(텬하)엣 達(달)ᄒᆫ 德(덕)이니 뻐 行(힝)ᄒᄂ 밧 者(쟈)는 一(일)이니라

或(혹) 生(싱)ᄒ야 知(디)ᄒ며 或(혹) 學(혹)ᄒ야 知(디)ᄒ며 或(혹) 困(곤)ᄒ야 知(디)ᄒᄂ니 그 知(디)홈애 미처ᄂ 혼 가지니라 或(혹) 安(안)ᄒ야 行(힝)ᄒ고 或(혹) 利(리)ᄒ야 行(힝)ᄒ며 或(혹) 勉強(면강)ᄒ야 行(힝)ᄒᄂ니 그 功(공)을 일옴애 미처ᄂ 혼 가지니라

學(혹)을 됴히 너김은 知(디)예 갓갑고 힘 써 行(힝)홈은 仁(신)에 갓갑고 붓그러옴을 알옴은 勇(용)애 갓가오니라

이 세흘 알면 뻐 몸 닷글 바를 알고 뻐 몸 닷글 바를 알면 뻐 사름 다ᄉ릴 바를 알고 뻐 사름 다ᄉ릴 바를 알면 뻐 天下(텬하) 國家(국가)를 다ᄉ릴 바를 알리라

믈읫 天下(텬하) 國家(국가)를 ᄒ욤이 아홉 經(경)이 인ᄂ니 골온 몸을 닷곰과 賢(현)을 尊(존)홈과 親(친)을 親(친)홈과 大臣(대신)을 공경홈과 群臣(군신)을 體(톄)홈과 庶民(셔민)을 子(ᄌ)홈과 百工(빅공)을 來(릭)케 홈과 遠人(원신)을 柔(슈)홈과 諸侯(져후)를 懷(회)케 홈이니라

몸을 닷그면 道(도)ㅣ셔고 賢(현)을 尊(존)ᄒ면 惑(혹)디 아니ᄒ고 親(친)을 親(친)ᄒ면 諸父(져부)와 昆弟(곤뎨)ㅣ 怨(원)티 아니ᄒ고 大臣(대신)을 공경ᄒ면 眩(현)티 아니ᄒ고 群臣(군신)을 體(톄)ᄒ면 士(ᄉ)의 禮(례)를 報(보)홈이 重(듕)ᄒ고 庶民(셔민)을 子(ᄌ)ᄒ면 百姓(빅셩)이 勸(권)ᄒ고 百工(빅공)을

來(릭)케 ᄒ면 財用(직용)이 足(죡)ᄒ고 遠人(원신)을 柔(슈)ᄒ면 四方(ᄉ방)이 歸(귀)ᄒ고 諸侯(져후)를 懷(회)케 ᄒ면 天下(텬하)ㅣ 畏(외)ᄒᄂ니라

齊(직)ᄒ며 明(명)ᄒ며 服(복)을 盛(셩)히 ᄒ야 禮(례) 아니어든 動(동)티 아니홈은 뻐 몸을 닫는 배오 讒(참)을 去(거)ᄒ고 色(식)을 멀리ᄒ며 貨(화)를 賤(쳔)히 너기고 德(덕)을 貴(귀)히 너김은 뻐 賢(현)을 勸(권)ᄒᄂ 배오 그 位(위)를 尊(존)히 ᄒ며 그 祿(록)을 重(듕)히 ᄒ며 그 好(호)ᄒ며 惡(오)홈을 ᄒᆞᆫ 가지로 홈은 뻐 親(친)을 親(친)홈을 勸(권)ᄒᄂ 배오 官(관)을 盛(셩)히 ᄒ야 使(ᄉ)를 任(심)케 홈은 뻐 大臣(대신)을 勸(권)ᄒᄂ 배오 忠信(튱신)으로 ᄒ고 祿(록)을 重(듕)히 홈은 뻐 士(ᄉ)를 勸(권)ᄒᄂ 배오 時(시)로 브리며 薄(박)히 斂(렴)홈은 뻐 百姓(빅셩)을 勸(권)ᄒᄂ 배오 날로 省(셩)ᄒ며 들로 試(시)ᄒ야 旣(희)와 廩(름)을 일에 맛게 홈은 뻐 百工(빅공)을 勸(권)ᄒᄂ 배오 가는 이를 보내고 오는 이를 마즈며 어딘 이를 아름다이 너기고 能(능)티 몯ᄒᆞᆫ 이를 에엿비 너김은 뻐 遠人(원신)을 柔(슈)ᄒᄂ 배오 그츤 世(셰)를 니으며 廢(폐)ᄒᆞᆫ 나라흘 擧(거)ᄒ며 亂(란)을 治(티)ᄒ고 危(위)를 持(디)ᄒ며 朝(됴)와 聘(빙)을 ᄠᅢ로뻐 ᄒ며 往(왕)을 厚(후)히 ᄒ고 來(릭)를 薄(박)히 홈은 뻐 諸侯(져후)를 懷(회)ᄒᄂ 배니라

믈읫 天下(텬하) 國家(국가)를 ᄒᆞ욤이 아홉 經(경)이 이시니 뻐 行(힝)ᄒᄂ 밧 者(쟈)는 一(일)이니라

믈읫 일이 豫(예)ᄒ면 立(립)ᄒ고 豫(예)티 아니ᄒ면 廢(폐)ᄒᄂ니 말ᄉᆞᆷ이 前(젼)에 定(뎡)ᄒ야시면 跲(겹)디 아니ᄒ고 일이 前(젼)에 定(뎡)ᄒ야시면 困(곤)티 아니ᄒ고 行(힝)이 前(젼)에 定(뎡)ᄒ야시면 疚(구)티 아니ᄒ고 道(도)ㅣ 前(젼)에 定(뎡)ᄒ야시면 窮(궁)티 아니ᄒᄂ니라

아랫 位(위)예 이셔 우희 獲(획)디 몯ᄒ면 民(민)을 可(가)히 시러곰 다ᄉ리디 몯ᄒ리라 우희 獲(획)홈이 道(도)ㅣ 이시니 朋友(붕우)에 믿브디 몯ᄒ면 우희 獲(획)디 몯ᄒ리라 朋友(붕우)에 믿븀이 道(도)ㅣ 이시니 어버의게 順(슌)티 몯ᄒ면 朋友(붕우)에 믿브디 몯ᄒ리라 어버의게 順(슌)홈이 道(도)ㅣ 이시니 몸애 反(반)ᄒ야 誠(셩)티 몯ᄒ면 어버의게 順(슌)티 몯ᄒ리라 몸을 誠(셩)히 홈이 道(도)ㅣ 이시니 善(션)에 붉디 몯ᄒ면 몸을 誠(셩)티 몯ᄒ리라

誠(셩)ᄒᆞᆫ 者(쟈)는 天(텬)의 道(도)ㅣ오 誠(셩)히오는 者(쟈)는 人(신)의 道(도)ㅣ니 誠(셩)ᄒᆞᆫ 者(쟈)는 힘ᄡᅳ디 아니ᄒ야셔 中(듕)ᄒ며 싱각디 아니ᄒ야셔

得(득)ᄒ야 從容(죵용)히 道(도)애 中(듕)ᄒᄂ니 聖人(셩신)이오 誠(셩)히오는 者(쟈)ᄂ 善(션)을 글희야 구디 執(집)ᄒᄂ 者(쟈)ㅣ니라

너비 ᄇ호며 슬펴 무르며 삼가 싱각ᄒ며 ᄇᆰ이 분변ᄒ며 도타이 行(ᄒᆡᆼ)홀 ᄯ니라

ᄇ호디 아니홈이 이실 ᄯ언뎡 ᄇ홀 ᄯ댄 能(능)티 몯ᄒ니를 措(조)티 아니ᄒ며 묻디 아니홈이 이실 ᄯ언뎡 무를 ᄯ댄 아디 몯ᄒ니를 措(조)티 아니ᄒ며 싱각디 아니홈이 이실 ᄯ언뎡 싱각홀 ᄯ댄 得(득)디 몯ᄒ니를 措(조)티 아니ᄒ며 분변티 아니홈이 이실 ᄯ언뎡 분변홀 ᄯ댄 ᄇᆰ디 몯ᄒ니를 措(조)티 아니ᄒ며 行(ᄒᆡᆼ)티 아니홈이 이실 ᄯ언뎡 行(ᄒᆡᆼ)홀 ᄯ댄 도탑디 몯ᄒ니를 措(조)티 아니ᄒ야 人(신)은 ᄒ 번에 能(능)히 ᄒ거든 己(긔)ᄂ 百(ᄇᆡᆨ)을 ᄒ며 人(신)은 열 번에 能(능)히 ᄒ거든 己(긔)ᄂ 千(쳔)을 홀 ᄯ니라

과연히 이 道(도)를 能(능)히 ᄒ면 비록 愚(우)ᄒ나 반ᄃ시 明(명)ᄒ며 비록 柔(슈)ᄒ나 반ᄃ시 强(강)ᄒᄂ니라

栗谷本 哀公(이공)이 政(졍)을 問(문)ᄒ신대
子(ᄌ)ㅣ ᄀ르샤딕 文武(문무)의 政(졍)이 方策(방ᄎᆡᆨ)의 펴 이시니 그 人(인)이 存(존)ᄒ면 그 政(졍)이 擧(거)ᄒ고 그 人(인)이 亡(망)ᄒ면 그 政(졍)이 息(식)ᄒᄂ니이다

人(인)의 道(도)ᄂ 政(졍)애 敏(민)ᄒ고 地(디)의 道(도)ᄂ 樹(슈)애 敏(민)ᄒ니 政(졍)은 蒲盧(포로)ㅣ니이다

故(고)로 政(졍)을 ᄒ기 人(인)의게 이시니 人(인)을 取(취)호딕 身(신)으로 뻐 홀 디오 身(신)을 修(슈)호딕 道(도)로뻐 홀디오 道(도)를 修(슈)호딕 仁(인)으로뻐 홀 디니이다

仁(인)은 人(인)이니 親(친)을 親(친)호미 크고 義(의)ᄂ 宜(의)호미니 賢(현)을 尊(존)호미 크니 親(친)을 親(친)홈의 殺(새)홈과 賢(현)을 尊(존)홈의 等(등)은 禮(례)의 生(싱)ᄒ 배니이다

故(고)로 君子(군ᄌ)ᄂ 可(가)히 뻐 身(신)을 修(슈)티 아니티 몯홀 디니 身(신)을 修(슈)호믈 思(ᄉ)홀 딘댄 可(가)히 뻐 親(친)을 事(ᄉ)티 아니티 몯홀 디오 親(친)을 事(ᄉ)호믈 思(ᄉ)홀 딘댄 可(가)히 뻐 人(인)을 知(디)티 아니티 몯홀 디오 人(인)을 知(디)호믈 思(ᄉ)홀 딘댄 可(가)히 뻐 天(텬)을

知(디)티 아니티 몯홀 디니이다

 天下(텬하)의 達道(달도)ㅣ 다ᄉᆞ새 ᄡᅥ 行(ᄒᆡᆼ)ᄒᆞᄂᆞᆫ 배 세히니 ᄀᆞ론 君臣(군신)과 父子(부즈)와 夫婦(부부)와 昆弟(곤뎨)와 朋友(붕우)의 交(교)홈 다ᄉᆞᆺ 者(쟈)ᄂᆞᆫ 天下(텬하)의 達道(달도)ㅣ오 知(디)와 仁(인)과 勇(용) 세 者(쟈)ᄂᆞᆫ 天下(텬하)의 達德(달덕)이니 ᄡᅥ 行(ᄒᆡᆼ)ᄒᆞᄂᆞᆫ 배 ᄒᆞ나히니이다

 或(혹) 生(ᄉᆡᆼ)ᄒᆞ며 知(디)ᄒᆞ고 或(혹) 學(혹)ᄒᆞ야 知(디)ᄒᆞ고 或(혹) 困(곤)ᄒᆞ야 知(디)ᄒᆞᄂᆞ니 그 知(디)호매 미처ᄂᆞᆫ ᄒᆞᆫ 가지오 或(혹) 安(안)ᄒᆞ야 行(ᄒᆡᆼ)ᄒᆞ고 或(혹) 利(리)ᄒᆞ야 行(ᄒᆡᆼ)ᄒᆞ고 或(혹) 勉强(면강)ᄒᆞ야 行(ᄒᆡᆼ)ᄒᆞᄂᆞ니 그 功(공)을 成(셩)호매 미처ᄂᆞᆫ ᄒᆞᆫ 가지니이다

 學(혹)을 好(호)호ᄆᆞᆫ 知(디)예 近(근)ᄒᆞ고 行(ᄒᆡᆼ)을 力(력)호ᄆᆞᆫ 仁(인)에 近(근)ᄒᆞ고 恥(티)를 知(디)호ᄆᆞᆫ 勇(용)의 近(근)ᄒᆞ니이다

 이 세 者(쟈)를 알면 ᄡᅥ 身(신)을 修(슈)홀 바를 알고 ᄡᅥ 身(신)을 修(슈)홀 바를 알면 ᄡᅥ 人(인)을 治(티)홀 바를 알고 ᄡᅥ 人(인)을 治(티)홀 바를 알면 ᄡᅥ 天下(텬하)ㅣ며 國(국)이며 家(가)를 治(티)홀 바를 알 리이다

 믈읫 天下(텬하)ㅣ며 國家(국가)를 ᄒᆞ기 아홉 經(경)이 이시니 ᄀᆞ론 身(신)을 修(슈)홈과 賢(현)을 尊(존)홈과 親(친)을 親(친)홈과 大臣(대신)을 敬(경)홈과 羣臣(군신)을 體(톄)홈과 庶民(셔민)을 子(즈)홈과 百工(빅공)을 來(릭)홈과 遠人(원인)을 柔(유)홈과 諸侯(져후)를 懷(회)호미니이다

 身(신)을 修(슈)ᄒᆞ면 道(도)ㅣ 立(립)ᄒᆞ고 賢(현)을 尊(존)ᄒᆞ면 惑(혹)디 아니ᄒᆞ고 親(친)을 親(친)ᄒᆞ면 諸父(져부)ㅣ며 昆弟(곤뎨)ㅣ 怨(원)티 아니ᄒᆞ고 大臣(대신)을 敬(경)ᄒᆞ면 眩(현)티 아니ᄒᆞ고 羣臣(군신)을 體(톄)ᄒᆞ면 士(ᄉᆞ)의 禮(례)를 報(보)호미 重(듕)ᄒᆞ고 庶民(셔민)을 子(즈)ᄒᆞ면 百姓(빅셩)이 勸(권)ᄒᆞ고 百工(빅공)을 來(릭)ᄒᆞ면 財用(지용)이 足(족)ᄒᆞ고 遠人(원인)을 柔(유)ᄒᆞ면 四方(ᄉᆞ방)이 歸(귀)ᄒᆞ고 諸侯(져후)를 懷(회)ᄒᆞ면 天下(텬하)ㅣ 畏(외)ᄒᆞᄂᆞ니이다

 齊(지)ᄒᆞ며 明(명)ᄒᆞ고 服(복)을 盛(셩)히 ᄒᆞ야 禮(례) 아니어든 動(동)티 아니호ᄆᆞᆫ ᄡᅥ 身(신)을 修(슈)ᄒᆞᄂᆞᆫ 배오 讒(참)을 去(거)ᄒᆞ며 色(식)을 遠(원)ᄒᆞ며 貨(화)를 賤(쳔)히 너기고 德(덕)을 貴(귀)히 너교ᄆᆞᆫ ᄡᅥ 賢(현)을 勸(권)ᄒᆞᄂᆞᆫ 배오 그 位(위)를 尊(존)히 ᄒᆞ며 그 祿(록)을 重(듕)히 ᄒᆞ며 그 好惡(호오)를 ᄒᆞᆫ 가지로 호ᄆᆞᆫ ᄡᅥ 親(친)을 親(친)홈을 勸(권)ᄒᆞᄂᆞᆫ 배오 官(관)이 盛(셩)ᄒᆞ야

使(소)를 任(임)케 호문 뻐 大臣(대신)을 勸(권)호는 배오 忠信(튱신)호고 祿(록)을 重(듕)히 호문 뻐 士(소)를 勸(권)호는 배오 時(시)로 使(소)호며 斂(렴)을 薄(박)히 호문 뻐 百姓(빅셩)을 勸(권)호는 배오 日(일)로 省(셩)호며 月(월)로 試(시)호야 旣廩(희름)이 事(소)애 稱(칭)케 호문 뻐 百工(빅공)을 勸(권)호는 배오 往(왕)을 送(송)호며 來(릭)를 迎(영)호며 善(션)을 嘉(가)호고 不能(블능)을 矜(긍)호문 뻐 遠人(원인)을 柔(유)호는 배오 絶(졀)흔 世(셰)를 繼(계)호며 廢(폐)흔 國(국)을 擧(거)호며 亂(란)을 治(티)호며 危(위)를 持(디)호며 朝(됴)와 聘(빙)을 時(시)로뼈 호며 往(왕)애 厚(후)케 호고 來(릭)예 薄(박)게 호문 뻐 諸侯(져후)를 懷(회)호는 배니이다

믈읫 天下(텬하) l 며 國家(국가)를 호기 아홉 經(경)이 이쇼딕 뻐 行(힝)호는 배 호나히니이다

믈읫 일이 豫(여)호면 立(립)호고 豫(여)티 아니면 廢(폐)호느니 言(언)이 前(젼)의 定(뎡)호면 跲(겹)디 아니호며 事(소) l 前(젼)의 定(뎡)호면 困(곤)티 아니호며 行(힝)이 前(젼)의 定(뎡)호면 疚(구)티 아니호며 道(도) l 前(젼)의 定(뎡)호면 窮(궁)티 아닐 디니이다

下位(하위)예 이셔 上(샹)의게 獲(획)디 몯호면 民(민)을 可(가)히 시러곰 治(티)티 몯호리니 上(샹)의게 獲(획)호미 道(도) l 이시니 朋友(붕우)의게 信(신)티 몯호면 上(샹)의게 獲(획)디 몯홀 디오 朋友(붕우)의게 信(신)호미 道(도) l 이시니 親(친)의게 順(슌)티 몯호면 朋友(붕우)의게 信(신)티 몯홀 디오 親(친)의게 順(슌)호미 道(도) l 이시니 身(신)의 反(반)호매 誠(셩)티 몯호면 親(친)의게 順(슌)티 몯홀 디오 身(신)을 誠(셩)호미 道(도) l 이시니 善(션)에 明(명)티 몯호면 身(신)의 誠(셩)티 몯홀 디니이다

誠(셩)흔 者(쟈)는 天(텬)의 道(도) l 오 誠(셩)호는 者(쟈)는 人(인)의 道(도) l 니 誠(셩)흔 者(쟈)는 勉(면)티 아녀 中(듕)호며 思(亽)티 아녀 得(득)호야 從容(죵용)히 道(도)애 中(듕)호느니 聖人(셩인)이오 誠(셩)호는 者(쟈)는 善(션)을 擇(틱)호야 固(고)히 執(집)호는 者(쟈) l 니이다

너비 學(혹)호며 술펴 問(문)호며 삼가 思(亽)호며 불기 辨(변)호며 독실히 行(힝)홀 디니이다

學(혹)디 아닐 디언뎡 學(혹)홀 딘댄 能(능)티 몯호얀 措(조)티 아니며 問(문)티 아닐 디언뎡 問(문)홀 딘댄 知(디)티 몯호얀 措(조)티 아니며 思(亽)티

아닐 디언뎡 思(亽)홀 딘댄 得(득)디 몯ᄒᆞ얀 措(조)티 아니며 辨(변)티 아닐 디언뎡 辨(변)홀 딘댄 明(명)티 몯ᄒᆞ얀 措(조)티 아니며 行(ᄒᆡᆼ)티 아닐 디언뎡 行(ᄒᆡᆼ)홀 딘댄 篤(독)디 몯ᄒᆞ얀 措(조)티 아니ᄒᆞ야 人(인)이 一(일)을 能(능)커든 己(긔)ㅣ 百(ᄇᆡᆨ)을 ᄒᆞ며 人(인)이 十(십)을 能(능)커든 己(긔)ㅣ 千(쳔)을 홀 디니이다

과연히 이 道(도)를 能(능)히 ᄒᆞ면 비록 愚(우)ᄒᆞ나 반ᄃᆞ시 明(명)ᄒᆞ며 비록 柔(유)ᄒᆞ나 반ᄃᆞ시 强(강)ᄒᆞ리이다

◆ 集註

020-㊀

哀公, 魯君, 名蔣.

哀公은 魯나라 임금으로 이름은 蔣이다.

020-㊁

方, 版也. 策, 簡也. 息, 猶滅也. 有是君, 有是臣, 則有是政矣.

方은 版이다. 策은 簡이다. 息은 滅과 같다. 이러한 임금이 있고, 이러한 신하가 있으면, 이러한 정치가 있게 되는 것이다.

020-㊂

夫, 音扶.
○ 敏, 速也. 蒲盧, 沈括以爲「蒲葦」是也. 以人立政, 猶以地種樹, 其成速矣, 而蒲葦又易生之物, 其成尤速也. 言「人存政擧, 其易如此」.

夫는 음이 부(扶)이다.
○ 敏은 速이다. 蒲盧는 沈括(1031~1095, 《夢溪筆談》)은 「蒲葦」(갈대)라 하였는데 옳은 말이다. 사람으로써 정치를 세움은 마치 땅에다가 나무를 심는 것과 같아

그 성취가 빠른 법인데, 갈대는 또한 쉽게 자라나는 물건으로 그 성취가 더욱 빠르다. "사람이 있어 정치가 거행됨도 그 쉽기가 이와 같다"라고 말한 것이다.

020-㉔

此承上文人道敏政而言也. 爲政在人, 家語作「爲政在於得人」, 語意尤備. 人, 謂賢臣. 身, 指君身. 道者, 天下之達道. 仁者, 天地生物之心, 而人得以生者, 所謂元者善之長也. 言:「人君爲政, 在於得人, 而取人之則, 又在脩身. 能仁其身, 則有君有臣, 而政無不擧矣.」

이는 윗글 「人道政敏」을 이어받아 말한 것이다. 爲政在人은 《孔子家語》에는 「爲政在於得人」(위정은 사람을 얻는 데에 있다. 哀公問政篇)라고 하여 語意가 더욱 구체적이다. 人은 어진 신하를 말하며, 身은 임금 자신을 가리킨다. 道란 天下의 達道이다. 仁이란 천지가 물건을 만들어낸 마음으로 사람은 이를 얻어서 태어난 것이니, 소위 말하는 "元이란 善의 우두머리"(《周易》 乾卦 文言傳)라 한 것이다. "임금이 정치를 함은 사람을 얻음에 있고, 사람을 얻는 법칙은 다시 자신을 닦음에 있다. 능히 그 자신을 仁하게 하면 임금이 있고, 신하가 있게 되어 정치에 있어 거행되지 못할 것이 없다"라고 말한 것이다.

* 참고로 《孔子家語》 哀公問政篇을 轉載하면 다음과 같다.

哀公問政於孔子, 孔子對曰:「文武之政, 布在方策. 其人存, 則其政擧; 其人亡, 則其政息. 天道敏生, 人道敏政, 地道敏樹. 夫政者, 猶蒲盧也, 待化以成. 故爲政在於得人, 取人以身, 修道以仁, 仁者人也, 親親爲大; 義者宜也, 尊賢爲大. 親親之殺, 尊賢之等, 禮所以生也. 禮者, 政之本也. 是以君子不可以不修身, 思修身, 不可以不事親, 思事親, 不可以不知人, 思知人, 不可以不知天. 天下之達道有五, 其所以行之者三, 曰: 君臣也, 父子也, 夫婦也, 昆弟也, 朋友也. 五者, 天下之達道, 智, 仁, 勇三者, 天下之達德也, 所以行之者一也, 或生而知之, 或學而知之, 或困而知之, 及其知之一也. 或安而行之, 或利而行之, 或勉强而行之, 及其成功一也.」公曰:「子之言美矣至矣, 寡人實固, 不足以成之也.」

孔子曰:「好學近於智, 力行近乎仁, 知恥近乎勇. 知斯三者, 則知所以修身; 知所以修身, 則知所以修身, 則知所以治人; 知所以治人, 則能成天下國家者矣.」公曰:

「政其盡此而已乎?」孔子曰:「凡爲天下國家有九經, 曰修身也, 尊賢也, 親親也, 敬大臣也, 體群臣也, 子庶民也, 來百工也, 柔遠人也, 懷諸侯也. 夫修身則道立, 尊賢則不惑, 親親則諸父兄弟不怨, 敬大臣則不眩, 體群臣則士之報禮重, 子庶民則百姓勸, 來百工則財用足, 柔遠人則四方歸之, 懷諸侯則天下畏之.」

公曰:「爲之奈何?」孔子曰:「齊潔盛服, 非禮不動, 所以修身也; 去讒遠色, 賤財而貴德, 所以尊賢也; 爵其能, 重其祿, 同其好惡, 所以篤親親也; 官盛任使, 所以敬大臣也; 忠信重祿, 所以勸士也; 時使薄斂, 所以子百姓也; 日省月考, 旣廩稱事, 所以來百工也; 送往迎來, 嘉善而矜不能, 所以綏遠人也; 繼絶世, 擧廢邦, 治亂持危, 朝聘以時, 厚往而薄來, 所以懷諸侯也. 治天下國家有九經, 其所以行之者一也. 凡事豫則立, 不豫則廢, 言前定, 則不跲; 事前定, 則不困; 行前定, 則不疚; 道前定, 則不窮. 在下位, 不獲于上, 民弗可得而治矣; 獲于上有道, 不信于友, 不獲于上矣; 信于友有道, 不順于親, 不信于友矣; 順于親有道, 反諸身不誠, 不順于親矣; 誠身有道, 不明于善, 不誠于身矣. 誠者. 天之至道也; 誠之者. 人之道也. 夫誠, 弗勉而中, 不思而得, 從容中道, 聖人之所以體定也; 誠之者. 擇善而固執之者也.」公曰:「子之教寡人, 備矣, 敢問行之所始.」孔子曰:「立愛自親始, 教民睦也; 立敬自長始, 教民順也; 教之慈睦, 而民貴有親; 教以敬, 而民貴用命. 民旣孝於親, 又順以聽命, 措諸天下, 無所不可.」公曰:「寡人旣得聞此言也, 懼不能果行, 而獲罪咎.」

020-㊄

殺, 去聲.

○ 人, 指人身而言. 具此生理, 自然便有惻怛慈愛之意, 深體味之可見. 宜者, 分別事理, 各有所宜也. 禮, 則節文斯二者而已.

殺는 去聲(쇄)이다.

○ 人은 사람의 몸을 가리켜 말한 것이다. 이러한 生理를 갖추고 있어 자연히 곧 惻怛, 慈愛의 뜻을 가지고 있으니, 깊이 이를 體味하면 가히 알 수 있다. 宜란 사리를 분별하여 각각 마땅한 바를 가지고 있는 것이다. 禮는 이 두 가지를 節文한 것일 뿐이다.

020-㊅

鄭氏曰:「此句在下, 誤重在此.」

정씨(鄭玄)는 "이 구절은 아래 있어야 한다. 잘못으로 여기에 거듭된 것이다"라 하였다.

020-㊆

爲政在人, 取人以身, 故不可以不脩身. 脩身以道, 脩道以仁, 故思脩身不可以不事親. 欲盡親親之仁, 必由尊賢之義, 故又當知人. 親親之殺, 尊賢之等, 皆天理也, 故又當知天.

爲政은 사람에게 있고, 사람을 취함은 그 자신으로써 한다. 그러므로 脩身하지 않을 수 없는 것이다. 脩身은 도로써 하고, 脩道는 仁으로써 한다. 그러므로 脩身을 생각하면서 事親을 하지 않을 수 없다. 親親之仁을 극진히 하고자 하면 반드시 尊賢之義를 경유해야 한다. 그러므로 다시 사람을 알아야 하는 것이다. 친친지쇄(親親之殺)와 尊賢之等은 모두가 天理이다. 그러므로 마땅히 하늘을 알아야 하는 것이다.

020-㊇

知, 去聲.
○ 達道者, 天下古今所共由之路, 卽書所謂五典, 孟子所謂「父子有親·君臣有義·夫婦有別·長幼有序·朋友有信」是也. 知, 所以知此也; 仁, 所以禮此也; 勇, 所以強此也. 謂之達德者, 天下古今所同得之理也. 一則誠而已矣. 達道雖人所共由, 然無是三德, 則無以行之; 達德雖人所同得, 然一有不誠, 則人欲閒之, 而德非其德矣. 程子曰:「所謂誠者, 止是誠實此三者. 三者之外, 更別無誠.」

知는 去聲이다.
○ 達道란 천하, 고금에 있어 공통으로 경유하는 길이니, 바로 《書》에 말한 五典(舜典)이며 孟子가 말한 바「父子有親, 君臣有義, 夫婦有別, 長幼有序,

朋友有信」이 이것이다. 知는 이것을 아는 바요, 仁은 이것을 예로써 하는 바이며, 勇은 이를 강함으로써 하는 것이다. 達德이라 말한 것은 천하, 고금에 똑같이 얻은 바의 理이다. 一은 곧 誠일 따름이다. 達道는 비록 사람이 공통으로 경유하는 바이지만, 이러한 세 가지 덕이 없으면 이를 실행할 수 없다. 達德은 비록 사람이 똑같이 얻은 바이지만, 그러나 한가지라도 성실치 못함이 있으면 人欲이 틈을 벌려, 덕이 그 덕이 되지 못한다. 정자(程頤)는 이렇게 말하였다. "소위 誠이란 것은 이 세 가지를 성실히 함에서 그치는 것이다. 이 세 가지 외에 다시 달리 誠이란 없다."

020-㈨

强, 上聲.

○ 知之者之所知, 行之者之所行, 謂達道也. 以其分而言: 則所以知者知也, 所以行者仁也, 所以至於知之成功而一者勇也. 以其等而言: 則生知安行者知也, 學知利行者仁也, 困知勉行者勇也. 蓋人性雖無不善, 而氣稟有不同者, 故聞道有蚤莫, 行道有難易, 然能自强不息, 則其至一也. 呂氏曰:「所入之塗雖異, 而所至之域則同, 此所以爲中庸. 若乃企生知安行之資爲不可幾及, 輕困知勉行謂不能有成, 此道之所以不明不行也.」

强은 上聲이다.

○ 知라는 것에서의 知라는 것과 行之라는 것에서의 행하는 바를 達道라고 이른다. 그 분류로써 말하면, 아는 바는 知(智)요, 行하는 바의 것은 仁이며 이를 알아 성공하여 일치함에 이르는 바는 勇이다. 그것의 같은 면으로써 말하면 生知와 安行은 智요, 學知와 利行은 仁이며, 困知와 勉行은 勇이다. 대체로 人性이 비록 선하지 않음이 없으나 氣稟에 같지 않음이 있다. 그러므로 도를 들음에 조모(蚤暮 이르고 늦음)가 있으며, 도를 행함에 난이(難易)가 있을 수가 있다. 그러나 능히 自强不息하면 하나로 일치될 수 있다. 여씨(呂大臨)는 이렇게 말하였다. "들어가는 바의 길은 비록 다르나, 다다라 이르는 구역은 같다. 이것이 中庸이 되는 바이다. 만약 이에 生知와 安行의 자질을 企圖하는 것을 거의 미칠 수 없다고 여기거나, 困知와 勉行을 가벼이 여겨 능히 성공할 수 없다고 말한다면 이것이 도가 밝아지지 못하고 행해지지도 못하게 되는 것이다."

020-⑩

「子曰」二字衍文. 好・近乎知之知, 並去聲.
○ 此言未及乎達德而求以入德之事, 通上文三知爲知, 三行爲仁, 則此三近者, 勇之次也.
呂氏曰:「愚者自是而不求, 自私者殉人欲而忘反(返), 懦者甘爲人下而不辭. 故好學非知, 然足以破愚; 力行非仁, 然足以忘私; 知恥非勇, 然足以起懦.」

「子曰」두 글자는 衍文이다. 好와 近乎知의 知는 모두가 去聲이다.
○ 이는 아직 達道에 닿지 못하여 入德으로 들어가기를 구하는 일을 말한 것으로, 윗글 三知(生知, 學知, 困知)를 知(智)로 하고, 三行(安行, 利行, 勉行)을 仁으로 삼는다는 것을 통해 보면 이 세 가지는 가까운 것이요, 勇은 그 다음이다.
여씨(呂大臨)는 이렇게 말하였다. "어리석은 자는 스스로도 옳다고 하면서도 찾지는 않으며, 스스로 사사로이 하는 자는 人欲을 따르기(殉은 徇과 같음)만 할뿐 되돌아옴을 잊으며, 나약한 자는 남의 아래가 됨을 달게 여겨 사양하지 않는다. 그러므로 好學이 곧 知(智)인 것은 아니지만 족히 사사로움을 잊을 수 있으며, 力行이 곧 仁은 아니지만 족히 사사로움을 잊을 수 있으며, 知恥가 곧 勇은 아니지만 족히 나약함에서 일어날 수는 있는 것이다."

020-⑪

斯三者, 指三近而言. 人者, 對己之稱. 天下國家, 則盡乎人矣. 言此以結上文脩身之意, 起下文九經之端也.

斯三者란 三近을 가리켜 말한 것이다. 人이란 己를 상대하여 칭함이다. 天下國家란 남에게 극진히 함이다. 이를 말하여 윗글 脩身의 뜻을 맺고 아랫글 九經之端을 일으킨 것이다.

020-⑫

經, 常也. 體, 謂設以身處其地而察其心也. 子, 如父母之愛其子也. 柔遠人, 所謂無忘賓旅者也. 此列九經之目也.

呂氏曰:「天下國家之本在身, 故脩身爲九經之本. 然必親師取友, 然後脩身之道進, 故尊賢次之. 道之所進, 莫先其家, 故親親次之. 由家以及朝廷, 故敬大臣·體羣臣次之. 由朝廷以及其國, 故子庶民·來百工次之. 由其國以及天下, 故柔遠人·懷諸侯次之. 此九經之序也.」

視羣臣猶吾四體; 視百姓猶吾子, 此視臣視民之別也.

經은 常이다. 體는 자신이 그 지위에 처한 경우를 가설하여 그 마음을 관찰함이다. 子는 마치 부모가 그 자식을 사랑함과 같은 것이다. 柔遠人은 소위 賓旅를 잊지 않는다는 것이다. 여기 열거한 것은 九經의 조목이다. 여씨(呂大臨)는 이렇게 말하였다. "천하 국가의 본은 자신에게 있다. 그러므로 脩身은 九經의 본이 되는 것이다. 그러나 반드시 親師, 取友한 연후에야 수신의 도가 進展하게 된다. 그러므로 尊賢이 그 다음인 것이다. 도가 나아가는 바는 그 집(家)보다 앞섬이 없다. 그러므로 親親이 그 다음인 것이다. 집으로부터 하여 조정에 미친다. 그러므로 敬大臣과 體羣臣이 그 다음인 것이다. 조정으로부터 하여 그 나라에 미치는 것이다. 그러므로 子庶民과 來百工이 그 다음인 것이다. 그 나라로부터 하여 천하에 미치는 것이다. 그러므로 柔遠人, 懷諸侯가 그 다음인 것이다. 이것이 九經의 순서이다." 여러 신하를 마치 자신의 四體처럼 보고 백성을 내 자식처럼 보는 것. 이것이 視臣과 視民의 구별이다.

020-⑮

此言九經之效也. 道立, 謂道成於己而可爲民表, 所謂「皇建其有極」是也. 不惑, 謂不疑於理. 不眩, 謂不迷於事. 敬大臣, 則信任專而小臣不得以閒之, 故臨事而不眩也; 來百工, 則通功易事, 農末相資, 故財用足; 柔遠人, 則天下之旅, 皆悅而願出於其塗, 故四方歸; 懷諸侯, 則德之所施者博, 而威之所制者廣矣, 故曰「天下畏之」.

이는 九經의 효과를 말한 것이다. 道立은 자기에게서 도가 이루어져서, 가히 백성의 표상이 될 수 있음을 말한 것으로 소위 "황제가 그 지극함을 세운다"《書》洪範篇라는 것이 이것이다. 不惑은 이치에 의심을 하지 않음을 말한다. 不眩은 일에 미혹되지 않음을 말한다. 敬大臣 하면 信任이 한결같아 小臣이 이를 離閒할 수 없다. 그러므로 일에 임하여 미혹되지 않는다. 來百工 하면 통공역사(通功易事)

하고 농사와 장사(末)가 서로 자산을 삼으므로 財用이 족하게 된다. 그리고 柔遠人 하면 천하의 여행객이 모두가 즐거워하며 그러한 나라의 길을 가겠다고 나설 것이니, 그러므로 사방이 귀의한다. 懷諸侯 하면 덕의 베풂이 넓어지고 위엄의 제압이 넓어진다. 그러므로 천하가 이를 두려워한다라고 말한 것이다.

020-㉔

齊, 側皆反. 去, 上聲. 遠・好・惡・斂, 並去聲. 旣, 許氣反. 稟, 彼錦・力錦二反. 稱, 去聲. 朝, 音潮.

○ 此言九經之事也. 官盛任使, 謂官屬衆盛, 足任使令也, 蓋大臣不當親細事, 故所以優之者如此. 忠信重祿, 謂待之誠而養之厚, 蓋以身體之, 而知其所賴乎上者如此也. 旣, 讀曰餼. 餼稟, 稍食也. 稱事, 如周禮藁人職曰「考其弓弩, 以上下其食」是也. 往則爲之授節以送之, 來則豐其委積以迎之. 朝, 謂諸侯見於天子. 聘, 謂諸侯使大夫來獻. 王制「比年一小聘, 三年一大聘, 五年一朝」. 厚往薄來, 謂燕賜厚而納貢薄.

齊(제)는 「側皆反」(제)이다. 去는 上聲이다. 遠・好・惡・斂은 모두가 去聲이다. 旣는 「許氣反」(희)이며, 稟은 「彼錦反」(품), 「力錦反」(름) 두가지 反切이 있다. 稱은 去聲이다. 朝는 음이 조(潮)이다.

○ 이는 九經의 일을 말한 것이다. 官盛任使는 官屬이 많고 성하여, 족히 使令을 맡길 만함을 이르는 것으로, 대체로 大臣은 細事에 직접 담당할 수 없으며, 그 때문에 우대함이 이와 같았던 것이다. 忠信重祿은 대우하기를 정성스럽게 하며 봉양하기를 후하게 하는 것으로, 대체로 몸소 이를 체득하여 윗사람에게 의지함이 이와 같다고 알아차리는 것이다. 旣(희)는 餼(희)로 읽는다. 餼稟(희름, 희품)은 초식(稍食, 적은 봉록)이다. 稱事란 이를테면 《周禮》藁人職에 말한 "弓弩를 考課하여 그 食을 높이고 낮춘다"라 한 것이 이것이다. 갈 때에는 이를 위해 節을 주어 보내고, 찾아오는 자에게는 그 위자(委積)를 풍족히 하여 맞이한다. 朝는 제후가 천자에게 朝見하는 것이요, 聘은 제후가 대부를 시켜 獻物하는 것이다. 《禮記》王制篇에 "해마다 한번씩 小聘이 있고, 3년에 한번씩 大聘이 있으며, 5년에 한번씩 朝見한다"라 하였다. 厚往薄來란 연회와 下賜는 후하게 하고, 納과 貢은 엷게 함을 말한다.

020-⑮

一者, 誠也. 一有不誠, 則是九者皆爲虛文矣, 此九經之實也.

一이란 誠이다. 하나라도 不誠함이 있으면 이 9가지가 모두 거짓 글이 되는 것이니, 이것이 九經의 實이다.

020-⑯

跲, 其劫反. 行, 去聲.
○ 凡事, 指達道·達德·九經之屬. 豫, 素定也. 跲, 躓也. 疚, 病也. 此承上文, 言凡事皆欲先立乎誠, 如下文所推是也.

跲은 「其劫反」(겁)이다. 行은 去聲이다.
○ 凡事는 達道, 達德, 九經 등을 가리킨다. 豫는 본디부터 정해져 있음이다. 跲은 넘어지다의 뜻이다. 疚는 病이다. 이는 윗글을 이어받아 범사는 모두가 먼저 誠에 서고자 한다는 것을 말한 것으로, 이를테면 아래 글에서 미루어 나가는 바와 같은 것이다.

020-⑰

此又以在下位者, 推言素定之意. 反諸身不誠, 謂反求諸身而所存所發, 未能眞實而無妄也. 不明乎善, 謂不能察於人心天命之本然, 而眞知至善之所在也.

이는 다시 아랫자리에 있는 자로서의 素定之意를 미루어 말한 것이다. 反諸身不誠은 돌이켜 자신에게 구하여 존속되는 바와, 폐기된 바가 아직 능히 진실되게 망녕됨이 없지 않음을 말한다. 不明乎善이란 人心과 天命의 本然에 있어서 眞知, 至善이 존재하는 곳을 능히 살펴내지 못함을 말한다.

020-⑱

中, 並去聲. 從, 七容反.
○ 此承上文誠身而言. 誠者, 眞實無妄之謂, 天理之本然也. 誠之者, 未能眞實無妄,

而欲其眞實無妄之謂, 人事之當然也. 聖人之德, 渾然天理, 眞實無妄, 不待思勉而從容中道, 則亦天之道也. 未至於聖, 則不能無人欲之私, 而其爲德不能皆實. 故未能不思而得, 則必擇善, 然後可以明善; 未能不勉而中, 則必固執, 然後可以誠身, 此則所謂人之道也. 不思而得, 生知也. 不勉而中, 安行也. 擇善, 學知以下之事. 固執, 利行以下之事也.

中은 모두가 去聲이다. 從은 「七容反」(종)이다.
○ 이는 윗글의 誠身을 이어받아 말한 것이다. 誠이란 眞實無妄함을 말한 것으로 天理의 本然이다. 誠之란 아직 능히 진실무망하지는 못하나 진실무망하고자 함을 말한 것으로, 人事의 當然함이다. 성인의 덕은 渾然한 天理이며 진실무망하여 힘쓰기를 생각함을 기다리지 않아도 조용히 도에 맞으니, 역시 하늘의 도이다. 아직 성(聖)에 이르지 않았으면 人欲之私가 없을 수 없어, 그 덕을 행함이 모두가 진실일 수는 없다. 그러므로 아직 생각하지 않았는데 터득할 수가 있는 것이 아니므로, 반드시 善을 택한 연후에야 가히 선을 밝게 할 수가 있고, 힘쓰지 않았는데도 적중하는 것은 아니므로, 반드시 굳게 잡은 후에야 가히 그 자신을 성실히 할 수가 있다. 이것이 소위 말하는 人之道인 것이다. 생각지 않고도 터득되는 것은 生知요, 힘쓰지 않아도 맞는 것은 安行이다. 善을 택하는 것은 學知 이하의 일이며, 固執은 利行 이하의 일이다.

020-㊈

此誠之之目也. 學・問・思・辨, 所以擇善而爲知, 學而知也. 篤行, 所以固執而爲仁, 利而行也.
程子曰:「五者廢其一, 非學也.」

이는 誠之의 조목이다. 學・文・思・辨은 선을 택하여 知가 되는 것으로, 배워서 아는 것이다. 篤行은 굳게 잡아서 仁이 되는 것으로, 이롭게 여겨 행하는 것이다.
정자(程頤)는 이렇게 말하였다. "다섯 가지 중에 하나만 폐하여도 學이 아니다."

020-㊉

君子之學, 不爲則已, 爲則必要其成, 故常百倍其功. 此困而知, 勉而行者也, 勇之事也.

군자의 학문은 하지 않으면 그만둔다. 그러나 했다 하면 반드시 그 성취를 요한다. 그러므로 늘 그 功力을 백 배로 해야 한다. 이는 困苦하여 하는 것으로 힘써서 행하는 것이며 勇의 일이다.

020-㉕

明者, 擇善之功. 强者, 固執之效.

呂氏曰:「君子所以學者, 爲能變化氣質而已. 德勝氣質, 則愚者可進於明, 柔者可進於强. 不能勝之, 則雖有志於學, 亦愚不能明, 柔不能立而已矣. 蓋均善而無惡者, 性也, 人所同也; 昏明强弱之禀不齊者, 才也, 人所異也. 誠之者所以反其同而變其異也. 夫以不美之質, 求變而美, 非百倍其功, 不足以致之. 今以鹵莽滅裂之學, 或作或輟, 以變其不美之質, 及不能變, 則曰天質不美, 非學所能變. 是果於自棄, 其爲不仁甚矣!」

明이란 擇善의 功力이며, 强이란 固執의 효능이다.

여씨(呂大臨)는 이렇게 말하였다. "군자가 배우는 까닭은 능히 氣質을 변화시키기 위함일 뿐이다. 덕이 기질을 이기면 어리석은 자는 가히 明으로 나아갈 수 있고, 유약한 자는 가히 强으로 나아갈 수 있다. 그러나 능히 이를 이겨내지 못하면, 비록 學에 뜻을 둠이 있다 할지라도 역시 어리석음이 능히 밝아질 수 없고, 유약함이 능히 설 수가 없게 된다. 대체로 균등하게 선하면서 악이 없는 것이 性이며, 사람이 똑같은 바이다. 그러나 昏明과 강약의 禀이 고르지 못한 것이 才이며, 사람이 각각 다른 바이다. 誠之란 그 똑같음(性)을 돌이켜서 그 다름(才)을 변화시키는 것이다. 무릇 아름답지 못한 재질을 변화시켜 아름답게 하기를 구함에, 그 功力을 백 배 들이지 않고는 족히 이루어 낼 수가 없다. 지금 鹵莽滅裂(노무멸렬, 거칠고 엉성하여 계통이 없음)한 學으로써 혹 하기도 하고 그러다가 그만두기도 하면서 그 不美之質을 변화시키려다가 변화에 이르지 못하면, 天質이 不美함은 배워서 능히 변화시킬 수 있는 것이 아니다라고 말한다. 이는 이를 스스로 포기함에 과감한 것이니 不仁을 저지름이 심한 것이로다!"

右第二十章. ㈠

이상은 제20장이다.

㈠ 此引孔子之言, 以繼大舜・文・武・周公之緒, 明其所傳之一致, 擧而措之, 亦猶是耳. 蓋包費隱・兼小大, 以終十二章之意. 章內語誠始詳, 而所謂誠者, 實此篇之樞紐也. 又按: 孔子家語, 亦載此章, 而其文尤詳.「成功一也」之下, 有「公曰: 子之言 美矣! 至矣! 寡人實固, 不足以成之也」. 故其下復以「子曰」起答辭. 今無此問辭, 而猶有「子曰」二字; 蓋子思刪其繁文以附于篇, 而所刪有不盡者, 今當爲衍文也.「博學之」以下, 家語無之, 意彼有闕文, 抑此或子思所補也歟?

이는 공자의 말을 인용하여 大舜과 文王, 武王, 周公의 緒業을 이어 그 전한 바의 일치됨과, 이를 들어서 맞추어 보면 역시 이와 같을 뿐임을 밝힌 것이다. 대체로 費와 隱을 포괄하고 大와 小를 겸하여 12장의 뜻을 종결한 것이다.

內에서 誠을 말한 것이 비로소 상세해졌으니, 소위 誠이란 실제로 이 편의 추뉴(樞紐)이다. 또 상고하건대《孔子家語》에도 역시 이 장이 실려 있으며, 그 문장이 더욱 상세하다.「成功一也」다음에「公曰: 子之言美矣! 至矣! 寡人實固, 不足以成之也」(애공이 말하되 그대의 말은 아름답고 지극합니다! 과인이 사실 고루하여 족히 이를 성취시키지 못합니다)라 하였다. 그 때문에 그 아래에 다시금「子曰」로 대답의 말을 시작한 것이다. 지금 이 질문의 말이 없는데도 오히려「子曰」두 글자가 있는 것은, 아마 子思가 그 번잡한 문장을 산제(刪除)하여 이 편에 붙이면서 그 산제한 바에 끝까지 정확히 하지 못한 때문일 것이니, 지금은 의당 衍文으로 보아야 한다.「博學之」이하는《家語》에는 없으니 생각건대 저쪽《家語》에 궐문이 있거나, 아니면 혹 자사가 補入한 것이리라.

제21장

성誠으로 말미암아 밝아짐을 일러 성性이라 하고, 밝아짐으로 말미암아 성실히 되는 것을 일러 교敎라 한다. 성실히 하면 밝아지고, 밝아지면 성실하게 된다.

> 自誠明, 謂之性; 自明誠, 謂之敎. 誠則明矣, 明則誠矣.㊀

【自誠明】 마음을 성실히 함으로써 밝아짐. 自는 由와 같음.
【自明誠】 밝아짐으로 말미암아 성실해짐.

⊙ 諺解

陶山本 誠(셩)으로 말미아마 明(명)홈을 性(셩)이라 닐으고 明(명)으로 말미아마 誠(셩)홈을 敎(교) l 라 닐으느니 誠(셩)ᄒ면 明(명)ᄒ고 明(명)ᄒ면 誠(셩)ᄒᄂ니라

栗谷本 誠(셩)으로브터 明(명)ᄒ니를 性(셩)이라 니르고 明(명)으로브터 誠(셩)ᄒ니를 敎(교) l 라 니르ᄂ니 誠(셩)ᄒ면 明(명)ᄒ고 明(명)ᄒ면 誠(셩)홀 디니라

◈ 集註

021-㊀

自, 由也. 德無不實而明無不照者, 聖人之德. 所性而有者也, 天道也. 先明乎善, 而後能實其善者, 賢人之學. 由敎而入者也, 人道也. 誠則無不明矣, 明則可以至於誠矣.

自는 由이다. 덕이 진실하지 못함이 없고, 明이 비추지 못함이 없는 것은 성인의 덕이다. 性인 바를 그대로 간직한 것은 天道이다. 먼저 善에 대하여 밝히고 그런 후에 능히 그 선을 진실하게 하는 것은 賢人의 學이다. 敎를 경유하여 들어가는 것은 人道이다. 誠實히 하면 밝혀지지 않음이 없게 되고, 밝혀지면 가히 誠에 다다를 수 있는 것이다.

右第二十一章. 子思承上章「夫子天道」·「人道之意」而立言也. 自此以下十二章, 皆子思之言, 以反覆推明此章之意.

이상은 제21장이다. 자사가 윗장의 「부자지도夫子之道」와 「인도지의人道之意」를 이어받아 말을 세운 것이다. 이곳으로부터 아래로 12장은 모두가 자사의 말로써 반복하여 이 장의 뜻을 미루어 설명한 것이다.

제22장

　오직 천하의 지극한 정성만이 능히 그 성을 극진히 할 수 있으며, 능히 그 성을 극진히 하면 능히 사람의 성을 다할 수 있고, 사람의 성을 다하면 물건의 성을 다할 수 있고, 능히 물건의 성을 다하면 천지의 화육化育을 도울 수 있고, 천지의 화육을 도울 수 있으면 가히 천지와 더불어 참여할 수 있는 것이다.

> 唯天下至誠, 爲能盡其性; 能盡其性, 則能盡人之性; 能盡人之性, 則能盡物之性; 能盡物之性, 則可以贊天地之化育; 可以贊天地之化育, 則可以與天地參矣.㈠

【至誠】 지극한 精誠.
【贊】 贊은 助와 같음.
【與天地參】 天地와 함께 하여 三才(天, 地, 人)를 이룸.

● 諺解

陶山本 오직 天(텬하)읫 지극훈 誠(셩)이사 能(능)히 그 性(셩)을 盡(진)ᄒᆞᄂᆞ니 能(능)히 그 性(셩)을 盡(진)ᄒᆞ면 能(능)히 人(인)의 性(셩)을 盡(진)ᄒᆞ고 能(능)히 人(인)의 性(셩)을 盡(진)ᄒᆞ면 能(능)히 物(믈)의 性(셩)을 盡(진)ᄒᆞ고 能(능)히 物(믈)의 性(셩)을 盡(진)ᄒᆞ면 可(가)히 ᄡᅥ 天地(텬디)의 化育(화육)을 贊(찬)ᄒᆞ고 可(가)히 ᄡᅥ 天地(텬디)의 化育(화육)을 贊(찬)ᄒᆞ면 可(가)히 ᄡᅥ 天地(텬디)로 더브러 參(참)ᄒᆞᄂᆞ니라

栗谷本 오직 天下(텬하)의 지극훈 誠(셩)이아 能(능)히 그 性(셩)을 盡(진)ᄒᆞᆯ 디니 能(능)히 그 性(셩)을 盡(진)ᄒᆞ면 能(능)히 人(인)의 性(셩)을 盡(진)ᄒᆞᆯ 디오 能(능)히 人(인)의 性(셩)을 盡(진)ᄒᆞ면 能(능)히 物(믈)의 性(셩)을 盡(진)ᄒᆞᆯ 디오 能(능)히 物(믈)의 性(셩)을 盡(진)ᄒᆞ면 可(가)히 ᄡᅥ 天地(텬디)의 化育(화육)을 贊(찬)ᄒᆞᆯ 디오 可(가)히 ᄡᅥ 天地(텬디)의 化育(화육)을 贊(찬)ᄒᆞ면 可(가)히 ᄡᅥ 天地(텬디)로 더브러 參(참)ᄒᆞᆯ 디니라

◆ 集註

022-㈠

天下至誠, 謂聖人之德之實, 天下莫能加也. 盡其性者, 德無不實, 故無人欲之私, 而天命之在我者, 察之由之, 巨細精粗, 無毫髮之不盡也. 人物之性, 亦我之性, 但以所賦形氣不同而有異耳. 能盡之者, 謂知之無不明而處之無不當也. 贊, 猶助也. 與天地參, 謂與天地並立而爲三也. 此自誠而明者之事也.

天下至誠이란 聖人之德의 진실이 천하에 더 이상 보탤 것이 없음을 일컫는다. 盡其性이란 덕은 진실하지 못함이 없기 때문에, 人欲之私가 없어 天命이 나에게 있음을 살피고 경유하여 巨細함과 精粗함에 털끝만큼의 극진하지 못함도 없는 것이다. 人과 物의 性은 역시 나의 性이다. 다만 부여받은 바 形氣가 같지 않아 다름이 있을 뿐이다. 능히 이를 극진히 한다는 것은 知가 밝지 못함이 없고, 이에 처함이 마땅하지 않음이 없음을 일컫는다. 贊은 助와 같다. 與天地參

이란 천지와 함께 서서 셋(天, 地, 人)이 되는 것을 말한다. 이는 誠으로부터 하여 明하게 되는 자의 일이다.

右第二十二章.㊀

이상은 제22장이다.

㊀ 言天道也.

천도(天道)를 말한 것이다.

제23장

그 다음은 한 쪽을 미루어 이루어 내는 것이니, 한 쪽만 능하여도 성실함이 있다. 성실하면 형태가 있게 되고, 형태가 있게 되면 드러나고, 드러나면 밝아지고, 밝아지면 동動하고 동하면 변하며, 변하면 화化한다. 오직 천하에 지극한 성실함이어야 능히 화할 수 있는 것이다.

> 其次致曲, 曲能有誠, 誠則形, 形則著, 著則明, 明則動, 動則變, 變則化, 唯天下至誠爲能化.㊀

【其次】聖人 다음의 단계인 賢人.
【致曲】한쪽만이라도 지극히 함.

◉ 諺解

南山本　그 버곰은 曲(곡)으로 致(티)ᄒᆞᄂᆞ니 曲(곡)ᄒᆞ면 能(능)히 誠(셩)홈이 인ᄂᆞ니 誠(셩)ᄒᆞ면 形(형)ᄒᆞ고 形(형)ᄒᆞ면 著(뎌)ᄒᆞ고 著(뎌)ᄒᆞ면 明(명)ᄒᆞ고 明(명)ᄒᆞ면 動(동)ᄒᆞ면 動(동)ᄒᆞ면 變(변)ᄒᆞ고 變(변)ᄒᆞ면 化(화)ᄒᆞᄂᆞ니 오직 天下(텬하)의 至(지)극ᄒᆞᆫ 誠(셩)이사 能(능)히 化(화)ᄒᆞᄂᆞ니라

栗谷本　그 次(ᄎ)ᄂᆞᆫ 曲(곡)을 致(티)ᄒᆞᆯ 디니 曲(곡)애 能(능)히 誠(셩)호미 잇ᄂᆞ니 誠(셩)ᄒᆞ면 形(형)ᄒᆞ고 形(형)ᄒᆞ면 著(뎌)ᄒᆞ고 著(뎌)ᄒᆞ면 明(명)ᄒᆞ고 明(명)ᄒᆞ면 動(동)ᄒᆞ고 動(동)ᄒᆞ면 變(변)ᄒᆞ고 變(변)ᄒᆞ면 化(화)ᄒᆞᄂᆞ니 오직 天下(텬하)의 지극ᄒᆞᆫ 誠(셩)이아 能(능)히 化(화)ᄒᆞᄂᆞ니라

◆ 集註

023-㊀

其次, 通大賢以下凡誠有未至者而言也. 致, 推致也. 曲, 一偏也. 形者, 積中而發外. 著, 則又加顯矣. 明, 則又有光輝發越之盛也. 動者, 誠能動物. 變者, 物從而變. 化, 則有不知其所以然者. 蓋人之性無不同, 而氣則有異, 故惟聖人能擧其性之全體而盡之. 其次則必自其善端發見之偏, 而悉推致之, 以各造其極也. 曲無不致, 則德無不實, 而形·著·動·變之功, 自不能已. 積而至於能化, 則其至誠之妙, 亦不異於聖人矣.

其次란 大賢 이하 무릇 誠이 아직 지극하지 않음이 있는 경우를 통틀어 말한 것이다. 致는 미루어서 이루는 것이다. 曲는 한 쪽이다. 形이란 속에 쌓여 겉으로 발현됨이다. 著는 다시 드러남을 加하는 것이요, 明은 다시 光輝가 發越의 풍성함이 있는 것이다. 動이란 誠이 능히 物을 움직이게 하는 것이요, 變이란 物이 따라서 변하는 것이다. 化는 그렇게 되는 까닭을 알지 못함이 있는 것이다. 대체로 사람의 性은 동일하지 않음이 없지만 氣는 차이가 있다. 그러므로 오직 성인만이 능히 그 性의 全體를 들어 이를 극진히 할 수 있다. 그 다음 사람의 경우라면, 반드시 그 善의 단서가 발현되는 한 쪽으로부터 모든 것을 미루어서 이를 성취하여, 각자 그 극진함에 이르러야 한다. 한 쪽으로

라도 이를 이루지 못함이 없게 하면, 덕은 진실되지 못함이 없게 되어 形, 著, 動, 變의 功效가 스스로도 능히 그만둘 수 없게 된다. 누적되어 능히 化할 수 있는 경지에 이르게 되면 그 至誠의 오묘함이 역시 성인과 다를 게 없이 될 것이다.

右第二十三章.㊀
이상은 제23장이다.

㊀ 言人道也.

人道를 말한 것이다.

제24장

지성至誠의 도는 앞서 알 수 있는 것이다. 국가가 장차 흥성하려면 반드시 정상禎祥이 있고, 국가가 장차 망함에도 반드시 요얼妖孼이 있게 마련이다. 시구蓍龜에 나타나며, 사체四體에 동한다.

화복禍福이 장차 다다름에 선善도 반드시 미리 이를 알려 주고, 불선不善도 반드시 미리 알려 준다. 그러므로 지성至誠은 신神과 같은 것이다.

> 至誠之道, 可以前知. 國家將興, 必有禎祥; 國家將亡, 必有妖孼; 見乎蓍龜, 動乎四體. 禍福將至: 善, 必先知之; 不善, 必先知之. 故至誠如神.㊀

【禎祥】 吉祥의 징조나 조짐.
【妖孼】 凶禍의 조짐.
【蓍龜】 蓍草와 龜甲, 고대 卜筮에 쓰였음. '시구'로 읽음.

● 諺 解

陶山本　至誠(지셩)의 道(도)는 可(가)히 써 前(젼)의 아ᄂ니 國家(국가)ㅣ 쟝ᄎᆞᆺ 興(흥)홈애 반ᄃ시 禎祥(뎡샹)이 이시며 國家(국가)ㅣ 쟝ᄎᆞᆺ 亡(망)홈애 반ᄃ시 妖孼(요얼)이 이셔 蓍(시)와 龜(귀)예 見(현)ᄒ며 四體(ᄉ톄)예 動(동)ᄒᄂ 디라 禍(화)ㅣ며 福(복)이 쟝ᄎᆞᆺ 니름애 善(션)을 반ᄃ시 몬져 알며 不善(블션)을 반ᄃ시 몬져 아ᄂ니 故(고)로 지극ᄒᆞᆫ 誠(셩)은 神(신) ᄀᆞᆮᄐ니라

栗谷本　至誠(지셩)의 道(도)는 可(가)히 써 前(젼)의 알 디니 國家(국가)ㅣ 쟝ᄎᆞᆺ 興(흥)홀 제 반ᄃ시 禎祥(뎡샹)이 잇고 國家(국가)ㅣ 쟝ᄎᆞᆺ 亡(망)홀 제 반ᄃ시 妖孼(요얼)이 이시며 蓍龜(시귀)의 見(현)ᄒ며 四體(ᄉ톄)의 動(동)ᄒᄂ 디라 禍福(화복)이 쟝ᄎᆞᆺ 至(지)홀 제 善(션)을 반ᄃ시 몬져 알며 不善(블션)을 반ᄃ시 몬져 아ᄂ니 故(고)로 至誠(지셩)은 神(신) ᄀᆞᆮᄐ니라

◆ 集 註

024-㈠

見, 音現.
○ 禎祥者, 福之兆. 妖孼者, 禍之萌. 蓍, 所以筮. 龜, 所以卜. 四體, 謂動作威儀之間, 如執玉高卑, 其容俯仰之類. 凡此皆理之先見者也. 然惟誠之至極, 而無一毫私僞 留於心目之間者, 乃能有以察其幾焉. 神, 謂鬼神.

見은 음이 현(現)이다.
○ 禎祥이란 복의 조짐이요, 妖孼이란 재앙의 싹이다. 蓍(시)는 시초(蓍草)로 점치는 것(筮)이요, 龜는 거북점(卜)이다. 四體는 동작과 威儀 사이를 말하는 것으로 이를테면 執玉, 高卑에 그 얼굴을 俯仰하는 것《左傳》定公 15년)같은 유이다. 무릇 이는 모두가 理가 먼저 드러난 것이다. 그렇지만 오직 誠이 지극하여 털끝만큼의 私僞도 心目 사이에 남아 있지 않아야 능히 그 기미를 관찰해 낼 수 있는 것이다. 神은 鬼神을 말한다.

右第二十四章.㊀

이상은 제24장이다.

㊀ 言天道也.

천도를 말한 것이다.

제25장

 성誠이란 스스로 이루는 것이지만 도道는 스스로 사람이 행하여야 하는 것이다. 성誠이란 물物의 종시終始이나 성실하지 못하면 물物이 있을 수 없다. 이 까닭으로 군자는 성誠을 귀한 것으로 여기는 것이다.
 성이란 자기를 이루어 주는 것으로, 끝나는 것이 아니라 물物까지 이루어 준다. 자기를 이루어 주는 것은 인仁이요, 물物을 이루어 주는 것은 지知, 智이다.
 성性의 덕이란 밖과 안을 합하는 도이다. 그러므로 때맞추어 그대로 두는 것이 마땅하다.

誠者自成也, 而道自道也.㊀
誠者物之終始, 不誠無物. 是故君子誠之爲貴.㊁
誠者非自成己而已也, 所以成物也. 成己, 仁也; 成物, 知也. 性之德也, 合外內之道也. 故時措之宜也.㊂

【自成】 스스로 자신의 至誠을 완성함.
【知】 智와 같음.
【措】 措施, 措置, 施行의 뜻.

● 諺 解

　誠(셩)은 스스로 成(셩)ᄒᆞᄂᆞᆫ 거시오 道(도)ᄂᆞᆫ 스스로 道(도)ᄒᆞᆯ 꺼시니라
　誠(셩)은 物(믈)의 終(죵)이며 始(시)니 誠(셩)티 아니ᄒᆞ면 物(믈)이 업ᄂᆞ니 이런 故(고)로 君子(군주)ᄂᆞᆫ 誠(셩)히욤을 貴(귀)히 너기ᄂᆞ니라
　誠(셩)은 스스로 己(긔)를 成(셩)ᄒᆞᆯ ᄯᆞᄅᆞᆷ이 아니라 ᄡᅥ 物(믈)을 成(셩)ᄒᆞᄂᆞᆫ 배니 己(긔)를 成(셩)홈은 仁(신)이오 物(믈)을 成(셩)홈은 知(디)니 性(셩)의 德(덕)이라 內外(닉외)를 合(합)한 道(도)ㅣ니 故(고)로 時(시)로 措(조)홈애 宜(의)ᄒᆞᄂᆞ니라

　誠(셩)은 스스로 成(셩)ᄒᆞᆯ 거시오 道(도)ᄂᆞᆫ 스스로 道(도)ᄒᆞᆯ 디니라
　誠(셩)은 物(믈)의 終始(죵시)니 誠(셩) 아니면 物(믈)이 업슬 디라 이런 故(고)로 君子(군주)ᄂᆞᆫ 誠(셩)호믈 貴(귀)히 너기ᄂᆞ니라
　誠(셩)은 스스로 己(긔)만 成(셩)코 마ᄅᆞᆷ이 아니라 ᄡᅥ 物(믈)을 成(셩)ᄒᆞᄂᆞᆫ 배니 己(긔)를 成(셩)호믄 仁(인)이오 物(믈)을 成(셩)호믄 知(디)니 性(셩)의 德(덕)이라 內外(닉외)의 道(도)를 合(합)호미니 故(고)로 時(시)로 措(조)호매 宜(의)ᄒᆞ니라

◈ 集註

025-㈠

道也之道, 音導.

○ 言:「誠者物之所以自成, 而道者人之所當自行也.」誠以心言, 本也; 道以理言, 用也.

道也의 道는 음이 도(導)이다.
○ "誠이란 물건이 自成하게 되는 所以이며, 道란 사람이 당연히 실행해야 할 바이다"라고 말한 것이다. 誠은 心으로써 말한 것이며 本이다. 道는 理로써 말한 것이며 用이다.

025-㈡

天下之物, 皆實理之所爲, 故必得是理, 然後有是物. 所得之理旣盡, 則是物亦盡而無有矣. 故人之心一有不實, 則雖有所爲, 亦如無有, 而君子必以誠爲貴也. 蓋人之心能無不實, 乃爲有以自成, 而道之在我者, 亦無不行矣.

천하의 物은 모두가 사실대로의 理가 하는 바이다. 그러므로 반드시 이 理를 얻은 연후에야 이러한 物이 있게 되는 것이다. 얻은 바의 理를 이미 다하였다면, 이 物 역시 다하여 더 있을 것이 없다. 그러므로 사람의 마음에 하나라도 不實함이 있게 되면 비록 하는 바가 있다 해도 역시 없는 것과 같게 되므로, 군자라면 반드시 誠을 귀하게 여기는 것이다. 대체로 사람이 마음에 능히 不實이 없어야 이에 自成이 있게 되고, 도가 나에게 있는 것도 역시 실행하지 못함이 없게 된다.

025-㈢

知, 去聲.
○ 誠雖所以成己, 然旣有以自成, 則自然及物, 而道亦行於彼矣. 仁者體之存, 知者用之發, 是皆吾性之固有, 而無內外之殊. 旣得於己, 則見於事者, 以時措之, 而皆得其宜也.

知는 去聲이다.

○ 誠이 비록 자신을 성취시키는 것이기는 하나, 이미 自成함이 있게 되면 자연히 物에 미쳐 道 역시 저에게서도 실행된다. 仁이란 體의 보존이요, 知란 用의 발현이다. 이는 모두가 내 性의 고유한 것으로서 內外의 다름이 없다. 이미 자신에게서 얻었으면, 일에 드러나게 되는 것이 때에 맞추어 처리(處置)됨에 모두가 그 의당함을 얻게 되는 것이다.

右第二十五章. ㊀

이상은 제25장이다.

㊀ 言人道也.

人道를 말한 것이다.

제26장

　그러므로 지성至誠은 쉼이 없다. 쉬지 않으면 오래 가고, 오래 가면 징험이 나타나며, 징험이 나타나면 유원悠遠해지고, 유원해지면 박후博厚하게 되고, 박후하게 되면 고명高明해진다. 후厚는 물건을 실어 줌이요, 고명은 물건을 덮어 줌이요, 유구悠久는 물건을 이루어 줌이다.
　박후는 땅과 짝을 이루고, 고명은 하늘과 짝을 이루며, 유구는 끝이 없음이다. 이와 같은 것은 드러내지 않아도 밝혀지며, 움직이지 않아도 변하며, 작위가 없어도 이루어진다.
　천지의 도는 한 마디 말로써 다할 수 있으니, 그 물건 됨이 둘이 아니어서 그렇다면 그 만물을 생성해 냄도 측량할 수가 없는 것이다.
　천지의 도는 박博이며, 후厚이며, 고高이며, 명明이며, 유悠이며, 구久이다.
　지금 무릇 하늘이란 이 작은 빛이 많이 모인 것이지만, 그 무궁함에 이르러 보면 일월성신日月星辰이 거기에 매어 있고, 만물이 그의 덮음을 받고 있다.

지금 무릇 땅이란 한 줌씩의 흙이 모인 것이지만, 그 광후廣厚함에 이르러서는 화악華嶽을 싣고도 무겁다 아니하며, 하해河海를 거두어들이면서도 새지 않으며 만물이 거기에 실려 있다.

지금 무릇 산이란 하나의 작은 돌들이 많이 모인 것이지만, 그 광대함에 이르러서는 초목이 생겨나고 금수가 살고 있으며 보물이 나온다.

지금 무릇 물이란 한 주걱의 물들이 모인 것이지만 그 측량할 수 없는 데에 이르러서는 원타黿鼉, 교룡蛟龍, 어별魚鼈이 생겨나며 재화가 증식되고 있다.

《시詩》에 "하늘의 명命이며, 아! 그침이 없도다"라 하였으니 대체로 하늘이 하늘되는 소이所以를 말한 것이다.

또 "아! 드러나지 않는가? 문왕文王의 덕의 순수함이"라 하였는데 대체로 문왕이 문文됨의 소이와 순수함 역시 그치지 않음을 말한 것이다.

故至誠無息.㊀ 不息則久, 久則徵,㊁ 徵則悠遠, 悠遠則博厚, 博厚則高明.㊂

博厚, 所以載物也; 高明, 所以覆物也; 悠久, 所以成物也.㊃

博厚配地, 高明配天, 悠久無疆.㊄

如此者, 不見而章, 不動而變, 無爲而成.㊅

天地之道, 可一言而盡也: 其爲物不貳, 則其生物不測.㊆

天地之道: 博也, 厚也, 高也, 明也, 悠也, 久也.㊇

今夫天, 斯昭昭之多, 及其無窮也, 日月星辰繫焉, 萬物覆焉. 今夫地, 一撮土之多, 及其廣厚, 載華嶽而不重, 振河海而不洩, 萬物載焉. 今夫山, 一卷石之多, 及其廣大,

> 草木生之, 禽獸居之, 寶藏興焉. 今夫水, 一勺之多, 及其不測, 黿鼉・蛟龍・魚鱉生焉, 貨財殖焉.⑨
>
> 詩云:「維天之命, 於穆不已!」蓋曰天之所以爲天也. 「於乎不顯! 文王之德之純!」蓋曰文王之所以爲文也, 純亦不已.⑩

【無息】쉼이 없음. 自彊不息과 같음.
【博厚】땅이 널리 두텁게 萬物을 싣고 있음. 땅의 후덕을 두고 말한 것으로 載物.
【高明】하늘이 높고 밝음. 하늘을 두고 말한 것.
【悠久】물건을 끝없이 이룸. 천지가 運行不息하여 萬物을 化育함.
【配天】하늘과 짝을 이룸. 與天合德을 뜻함.
【章】彰과 같음.
【昭昭】耿耿과 같음. 반짝임.
【華嶽】華山과 嶽山. 화산은 太華山, 嶽山은 岍山. 지금의 陝西省에 있으며 여기서는 높은 산을 뜻함.
【卷石】원본에는 拳石으로 朱子는 卷을 區으로 보았으나 원래의 뜻은 주먹만한 수많은 작은 돌.
【於乎】於는 嗚, 乎는 呼. 嗚呼와 같음. 感歎辭. 歎美辭. '오호'로 읽음.

● 諺解

南山本 故(고)로 지극흔 誠(셩)은 息(식)홈이 업스니
息(식)디 아니흐면 久(구)흐고 久(구)흐면 徵(딩)흐고
徵(딩)흐면 悠遠(유원)흐고 悠遠(유원)흐면 博厚(박후)흐고 博厚(박후)흐면 高明(고명)흐느니라
博厚(박후)는 뻐 物(믈)을 載(지)흐는 배오 高明(고명)은 뻐 物(믈)을 覆(부)흐는 배오 悠久(유구)는 뻐 物(믈)을 成(셩)흐는 배니라

博厚(박후)는 地(디)를 配(비)ᄒᆞ고 高明(고명)은 天(텬)을 配(비)ᄒᆞ고 悠久(유구)는 疆(강)이 업스니라

이러틋흔 者(쟈)는 見(현)티 아니ᄒᆞ야셔 章(쟝)ᄒᆞ며 動(동)티 아니ᄒᆞ야셔 變(변)ᄒᆞ며 ᄒᆞ욤이 업시 成(셩)ᄒᆞᄂᆞ니라

天地(텬디)의 道(도)ᄂᆞᆫ 可(가)히 ᄒᆞᆫ 말애 盡(진)ᄒᆞᆯ 꺼시니 그 物(믈)이론디 貳(ᄉᆡ)티 아니흔 디라 곧 그 物(믈)을 生(싱)홈이 測(측)디 몯ᄒᆞᄂᆞ니라

天地(텬디)의 道(도)는 博(박)과 厚(후)와 高(고)와 明(명)과 悠(유)와 久(구)ㅣ니라

이제 天(텬)이 이 昭昭(쇼쇼)의 함이니 그 無窮(무궁)홈애 미처는 日月(실월)과 星辰(셩신)이 繫(계)ᄒᆡ여시며 萬物(만믈)이 覆(부)ᄒᆡ연ᄂᆞ니라 이제 地(디)ㅣ 혼 撮(촬)ㅅ 土(토)의 함이니 그 廣厚(광후)홈애 미처는 華嶽(화악)을 載(지)ᄒᆞ야 쇼디 重(듕)티 아니ᄒᆞ며 河海(하히)를 振(진)ᄒᆞ야쇼디 洩(셜)티 아니ᄒᆞ며 萬物(만믈)이 載(지)ᄒᆡ연ᄂᆞ니라 이제 山(산)이 혼 卷(권)ㅅ 石(셕)의 함이니 그 廣大(광대)홈애 미처는 草木(초목)이 生(싱)ᄒᆞ며 禽獸(금슈)ㅣ 居(거)ᄒᆞ며 寶藏(보장)이 興(흥)ᄒᆞᄂᆞ니라 이제 水(슈)ㅣ 一勺(일쟉)의 함이니 그 測(측)디 몯홈애 미처는 黿鼉(원타)과 蛟龍(교룡)과 魚鼈(어별)이 生(싱)ᄒᆞ며 貨財(화ᄌᆡ)ㅣ 殖(식)ᄒᆞᄂᆞ니라

詩(시)예 닐오ᄃᆡ 天(텬)의 命(명)이 於(오)ㅣ라 穆(목)ᄒᆞ야 已(이)티 아니타 ᄒᆞ니 天(텬)의 ᄡᅥ 天(텬)된 바를 닐옴이오 於(오)ㅣ라 顯(현)티 아니냐 文王(문왕)의 德(덕)의 純(슌)ᄒᆞ심이여 ᄒᆞ니 文王(문왕)의 ᄡᅥ 文(문)되신 바를 닐옴이니 純(슌)이 ᄯᅩ흔 已(이)티 아니홈이니라

 故(고)로 至誠(지셩)은 息(식)호미 업스니라
息(식)디 아니면 久(구)ᄒᆞ고 久(구)ᄒᆞ면 徵(딩)ᄒᆞ고

徵(딩)ᄒᆞ면 悠遠(유원)ᄒᆞ고 悠遠(유원)ᄒᆞ면 博厚(박후)ᄒᆞ고 博厚(박후)ᄒᆞ면 高明(고명)ᄒᆞᄂᆞ니라

博厚(박후)는 ᄡᅥ 物(믈)을 載(지)ᄒᆞ는 배오 高明(고명)은 ᄡᅥ 物(믈)을 覆(부)ᄒᆞ는 배오 悠久(유구)는 ᄡᅥ 物(믈)을 成(셩)ᄒᆞ는 배니라

博厚(박후)는 地(디)를 配(비)ᄒᆞ고 高明(고명)은 天(텬)을 配(비)ᄒᆞ고 悠久(유구)는 疆(강)이 업스니라

이フ툰 者(쟈)는 見(현)티 아녀셔 章(쟝)ᄒ며 動(동)티 아녀셔 變(변)ᄒ며 ᄒ미 업시셔 成(셩)ᄒᄂ니라

天地(텬디)의 道(도)ㅣ 可(가)히 一言(일언)의 盡(진)홀 디니 그 物(믈)이론디 貳(이)티 아닌 디라 그 物(믈)을 生(싱)호미 測(측)디 몯게 ᄒᄂ니라

天地(텬디)의 道(도)ᄂᆞᆫ 博(박)홈과 厚(후)홈과 高(고)홈과 明(명)홈과 悠(유)홈과 久(구)호미니라

이제 天(텬)이 이 昭昭(쇼쇼)호미 한 거시로듸 그 無窮(무궁)호매 及(급)ᄒ야 日月(일월)과 星辰(셩신)이 繫(계)ᄒ며 萬物(만믈)이 더피여 잇고 이제 地(디)ㅣ 혼 줌 土(토)ㅣ 한 거시로듸 그 廣厚(광후)호매 及(급)ᄒ야 華嶽(화악)을 載(ᄌᆡ)ᄒ야도 重(듕)티 아니ᄒ며 河海(하ᄒᆡ)를 振(진)ᄒ야도 洩(셜)티 아니ᄒ며 萬物(만믈)이 실리여 잇고 이제 山(산)이 혼 卷石(권셕)이 한 거시로듸 그 廣大(광대)호매 及(급)ᄒ야 草木(초목)이 生(싱)ᄒ며 禽獸(금슈)ㅣ 居(거)ᄒ며 寶藏(보장)이 興(흥)ᄒ고 이제 水(슈)ㅣ 혼 勺(쟉)이 한 거시로듸 그 測(측)디 몯호매 及(급)ᄒ야 黿(원)이며 鼉(타)ㅣ며 蛟(교)ㅣ며 龍(룡)이며 魚(어)ㅣ며 鼈(별)이 生(싱)ᄒ며 貨財(화ᄌᆡ)ㅣ 殖(식)ᄒᄂ니라

詩(시)예 닐오듸 天(텬)의 命(명)이 於(오)ㅣ라 穆(목)ᄒ야 己(이)티 아니타 ᄒ니 天(텬)의 ᄡᅥ 天(텬)이 된 바롤 골오미오 於乎(오호)ㅣ라 顯(현)티 아니ᄒ랴 文王(문왕)의 德(덕)의 純(슌)ᄒ시미여 ᄒ니 文王(문왕)의 ᄡᅥ 文(문)이 되신 배 純(슌)코 ᄯᅩ흔 己(이)티 아니샤믈 골오미니라

◆ 集註

026-㊀

旣無虛假, 自無間斷.

이미 虛假(거짓과 가식)가 없으면 저절로 間斷(중간중간 끊어짐)이 없게 된다.

026-㊁

久, 常於中也. 徵, 驗於外也.

久는 中에서 늘 같은 것이요, 徵는 밖으로 징험이 되는 것이다.

026-㈢

此皆以其驗於外者言之. 鄭氏所謂「至誠之德, 著於四方」者是也. 存諸中者旣久, 則驗於外者益悠遠而無窮矣. 悠遠, 故其積也廣博而深厚; 博厚, 故其發也高大而光明.

이는 모두가 그것이 밖으로 징험되는 것으로써 말한 것이다. 정씨(鄭玄)가 소위 말한 "至誠의 덕은 사방에 드러난다"라 한 것이 이것이다. 속에 보존한 것이 이미 오래되었으면 밖으로 징험되는 것이 더욱 悠遠하여 끝이 없게 된다. 유원하므로 그 쌓임이 廣博하고도 深厚하며, 광박, 심후하기 때문에 그 발현이 높고 크면서 빛나고 밝다.

026-㈣

悠久, 卽悠遠, 兼內外而言之也. 本以悠遠致高厚, 而高厚又悠久也. 此言聖人與天地同用.

悠久는 곧 悠遠함이니 內外를 겸하여 이를 말한 것이다. 본래 유원한 것으로써 高厚란 것을 이루고, 고후함은 다시 유구하게 되는 것이다. 이는 성인과 천지는 用을 같이함을 말한 것이다.

026-㈤

此言聖人與天地同體.

이는 성인과 천지가 體를 같이 함을 말한 것이다.

026-㈥

見, 音現.
○ 見, 猶視也. 不見而章, 以配地而言也. 不動而變, 以配天而言也. 無爲而成,

以無疆而言也.

見은 음이 현(現)이다.
○ 見은 視와 같다. 보여 주지 않아도 밝게 드러남(不見而章)이란 配地로써 말한 것이요, 움직이지 않아도 변화한다(不動而變)라고 한 것은 配天으로써 말한 것이며, 作爲함이 없어도 이루어진다(無爲而成)라고 한 것은 無疆으로써 말한 것이다.

026-㊆

此以下, 復以天地明至誠無息之功用. 天地之道, 可一言而盡, 不過曰誠而已. 不貳, 所以誠也. 誠故不息, 而生物之多, 有莫知其所以然者.

여기 이하는 거듭하여 天地로써 至誠無息의 功用을 밝힌 것이다. 천지의 도가 가히 한마디로 다 할 수 있는 것이라면 誠일뿐이라고 말함에 지나지 않는다. 不貳는 誠으로 하는 것이다. 誠이기 때문에 不息하여 물건을 생하게 함이 많은 것이나 그렇게 되는 所以然을 알지 못하는 것이다.

026-㊇

言:「天地之道, 誠一不貳, 故能各極其盛, 而有下文生物之功.」

"천지의 도는 誠 하나이며 둘일 수가 없다. 그러므로 능히 각기 그 盛함을 극진히 하여 아랫글의 生物之功이 있는 것이다"라고 말한 것이다.

026-㊈

夫, 音扶. 華·藏, 並去聲. 卷, 平聲. 勺, 市若反.
○ 昭昭, 猶耿耿, 小明也. 此指其一處而言之. 及其無窮, 猶十二章及其至也之意, 蓋擧全體而言也. 振, 收也. 卷, 區也. 此四條, 皆以發明由其不貳不息以致盛大而能生物之意. 然天·地·山·川, 實非由積累而後大, 讀者不以辭害意可也.

夫는 음이 부(扶)이다. 華·藏은 모두가 去聲이다. 卷은 平聲이다. 勺은 「市若反」(삭, 작)이다.

○ 昭昭는 경경(耿耿)과 같으며 작게 반짝이는 것이다. 이는 그 한 곳을 가리켜 말한 것이다. 及其無窮은 12장의 及其至也의 뜻과 같으며, 대체로 全體를 들어 말한 것이다. 振은 收이다. 卷은 區이다. 이 4가지 조목은 모두가 그 不貳不息으로 말미암아 盛大함을 이루어, 능히 만물을 생성시키는 뜻을 펴서 밝힌 것이다. 그러나 天, 地, 山, 川은 사실 계속 쌓여서 뒤에 커진 것은 아니다. 읽는 자는 말(표현) 때문에 뜻에 손상됨이 없도록 해야 할 것이다.

026-㊉

於, 音烏. 乎, 音呼.
○ 詩, 周頌維天之命篇. 於, 歎辭. 穆, 深遠也. 不顯, 猶言:「豈不顯也?」純, 純一不雜也. 引此以明至誠無息之意.
程子曰:「天道不已, 文王純於天道, 亦不已. 純則無二無雜, 不已則無間斷先後.」

於는 음이 오(烏)이다. 乎는 음이 호(呼)이다.
○《詩》는 周頌 維天之命편이다. 오(於)는 歎辭이다. 穆은 깊고 멀다. 不顯은 "어찌 드러나지 않으랴?"라는 말과 같다. 純은 純一하여 잡스러움이 없음이다. 이를 인용하여 至誠無息의 뜻을 밝힌 것이다.
정자(程頤)는 이렇게 말하였다. "天道는 그침이 없다. 文王은 天道에 純一하여 역시 그침이 없다. 純하면 無二無雜하게 되고, 그치지 않으면 間斷과 先後가 없게 된다."

右第二十六章.㊀

이상은 제26장이다.

㊀ 言天道也.

天道를 말한 것이다.

제27장

크도다! 성인의 도여! 양양洋洋하도다! 만물을 발육시키니 높고 지극함이 하늘에 닿도다.

우우優優하여 크도다! 예의禮儀가 삼백이요, 위의威儀가 삼천 가지이다. 그런 사람을 기다린 이후에야 시행되도다.

그래서 "진실로 지극한 덕이 아니면 지극한 도가 응취凝聚되지 않는다"라고 말한 것이다.

그러므로 군자는 덕성을 높이고, 묻고 배움을 경유하게 되니, 광대함을 이루되 정미함도 극진히 하며, 고명함을 극진히 하되 중용으로 말미암는다.

옛 것을 온습하여 새 것을 알며 돈후히 하여 예를 숭상한다.

이 까닭으로 윗자리에 있어도 교만히 굴지 않으며, 아랫사람이 되어도 배반하지 않는다. 나라에 도가 있으면 그의 말이 족히 흥기시킬 수 있고, 나라에 도가 없으면 그 침묵이 족히 용납될 수가 있다.

《시詩》에 "이미 밝고도 또 밝아, 그 자신을 보전하네"라 하였으니 이를 두고 이른 것이리라!

> 大哉! 聖人之道!㈠ 洋洋乎! 發育萬物, 峻極于天.㈡
> 優優大哉! 禮儀三百, 威儀三千.㈢ 待其人而後行.㈣
> 故曰:「苟不至德, 至道不凝焉.」㈤
> 故君子尊德性而道問學, 致廣大而盡精微, 極高明而道中庸. 溫故而知新, 敦厚以崇禮.㈥
> 是故居上不驕, 爲下不倍. 國有道, 其言足以興; 國無道, 其默足以容. 詩曰:「旣明且哲, 以保其身.」其此之謂與!㈦

【優優】寬裕한 모습.
【禮儀三百】禮와 儀範이 가짓수가 많음을 말함.
【倍】背와 같음.

● 諺解

 크다 聖人(셩신)의 道(도)ㅣ여
洋洋(양양)히 萬物(만믈)을 發育(발육)ᄒ야 峻(쥰)홈이 天(텬)에 極(극)ᄒ얏도다
優優(우우)히 크다 禮儀(례의) 三百(삼빅)과 威儀(위의) 三千(삼쳔)이로다
그 사ᄅᆞᆷ을 기들온 後(후)에 行(ᄒᆡᆼ)ᄒᆞᄂᆞ니라
故(고)로 굴오듸 진실로 지극ᄒᆞᆫ 德(덕)이 아니면 지극ᄒᆞᆫ 道(도)ㅣ 凝(응)티 아니ᄒᆞᆫ다 ᄒᆞ니라
故(고)로 君子(군ᄌᆞ)ᄂᆞᆫ 德性(덕셩)을 尊(존)ᄒᆞ고 問學(문혹)을 道(도)ᄒᆞᄂᆞ니 廣大(광대)를 致(티)ᄒᆞ고 精微(졍미)를 盡(진)ᄒᆞ며 高明(고명)을 極(극)ᄒᆞ고

中庸(듕용)을 道(도)ᄒ며 故(고)를 溫(온)ᄒ고 新(신)을 知(디)ᄒ며 厚(후)를 敦(돈)ᄒ고 뻐 禮(례)를 崇(슝)ᄒᄂ니라

이런 故(고)로 우희 居(거)ᄒ야 驕(교)티 아니ᄒ며 아래 되여 倍(빈)티 아니혼 디라 나라히 道(도)ㅣ 이숌애 그 言(언)이 足(죡)히 뻐 興(흥)ᄒ고 나라히 道(도)ㅣ 업슴애 그 黙(믁)이 足(죡)히 뻐 容(용)ᄒᄂ니 詩(시)예 ᄀᆞ로되 이믜 明(명)ᄒ며 또 哲(텰)ᄒ야 뻐 그 몸을 保(보)ᄒ다 ᄒ니 그 이를 닐옴인뎌

크다 聖人(셩인)의 道(도)ㅣ여

洋洋(양양)히 萬物(만믈)을 發育(발육)ᄒ야 峻(쥰)ᄒ미 天(텬)의 極(극)ᄒ도다

優優(우우)히 크다 禮儀(례의)ㅣ 三百(삼빅)이오 威儀(위의)ㅣ 三千(삼쳔)이로다

그 人(인)을 기드린 後(후)에 行(ᄒᆡᆼ)ᄒᆞᆯ 디니

故(고)로 ᄀᆞ로되 진실로 至德(지덕) 곧 아니면 至道(지도)ㅣ 凝(응)티 몯ᄒᆞᆫ다 ᄒ니라

故(고)로 君子(군ᄌᆞ)ᄂᆞᆫ 德性(덕셩)을 尊(존)ᄒ고 問學(문혹)을 道(도)ᄒᆞᆯ디니 廣大(광대)를 致(티)ᄒ고 精微(졍미)를 盡(진)ᄒ며 高明(고명)을 極(극)ᄒ고 中庸(듕용)을 道(도)ᄒ며 故(고)를 溫(온)ᄒ고 新(신)을 知(디)ᄒ며 敦厚(돈후)ᄒ고 뻐 禮(례)를 崇(슝)ᄒᆞᆯ 디니라

이런 故(고)로 上(샹)의 居(거)ᄒ야 驕(교)티 아니ᄒ며 下(하)ㅣ 되여 倍(빈)티 아니ᄒ며 國(국)이 道(도) 이신 제 그 言(언)이 足(죡)히 뻐 興(흥)ᄒ고 國(국)이 道(도) 업슨 제 그 黙(믁)ᄒ미 足(죡)히 뻐 容(용)ᄒᆞᆯ 디니 詩(시)예 ᄀᆞ로되 이믜 明(명)ᄒ며 쏘흔 哲(텰)ᄒ야 뻐 그 身(신)을 保(보)ᄒ다 ᄒ니 그 이를 닐오민뎌

◆ 集 註

027-㈠

包下文兩節而言.

아랫글 두 구절을 포함하여 말한 것이다.

027-㊁

峻, 高大也. 此言「道之極於至大而無外也.」

峻은 높고 큼이다. 이는 "도의 至大함을 극진히 하여 밖이 없이 한다"라고 말한 것이다.

027-㊂

優優, 充足有餘之意. 禮儀, 經禮也. 威儀, 曲禮也. 此言「道之入於至小而無閒也.」

優優는 충족하여 남음이 있다는 뜻이다. 禮儀는 經禮(큰 예)요, 威儀는 曲禮(자질구레한 예)이다. 이는 "도는 지극히 작음에 들어가서도 사이를 둠이 없다"라고 말한 것이다.

027-㊃

總結上兩節.

위의 두 구절을 總結한 것이다.

027-㊄

至德, 謂其人. 至道, 指上兩節而言也. 凝, 聚也, 成也.

至德은 그 사람을 말한 것이며, 至道는 위의 두 구절을 가리켜 한 말이다. 凝은 聚이며 成이다.

027-㊅

尊者, 恭敬奉持之意. 德性者, 吾所受於天之正理. 道, 由也. 溫, 猶燖溫之溫,

謂故學之矣, 復時習之也. 敦, 加厚也. 尊德性, 所以存心而極乎道體之大也; 道問學, 所以致知而盡乎道體之細也. 二者修德凝道之大端也. 不以一毫私意自蔽; 不以一毫私欲自累; 涵泳乎其所已知; 敦篤乎其所已能, 此皆存心之屬也. 析理則不使有毫釐之差; 處事則不使有過不及之謬; 理義則日知其所未知; 節文則日謹其所未謹, 此皆致知之屬也. 蓋非存心無以致知, 而存心者又不可以不致知. 故此五句, 大小相資, 首尾相應, 聖賢所示入德之方, 莫詳於此. 學者宜盡心焉.

尊이란 恭敬奉持의 뜻이다. 德性이란 내가 하늘에게서 받은 바의 正理이다. 道는 由이다. 溫은 燖溫의 溫과 같으며, 이미 지난날 이를 배우고 다시 때로 이를 익힘을 일컫는다. 敦은 더하여 두텁게 함이다. 尊德性은 마음에 보존하여 道體의 큼을 극진히 하는 것이요, 道問學은 致知하여 도체의 미세함을 극진히 하는 것이다. 두 가지는 修德, 凝道의 큰 단서이다. 하나의 털끝만큼의 私意가 스스로 가림이 없으며, 하나의 털끝만큼의 私慾이 스스로 얽매임이 없으며, 그 이미 아는 바에 涵泳하고, 그 이미 능한 바에 돈독히 하는 것, 이것이 모두 存心의 것들이다. 이치를 분석하면 毫釐의 차이도 없도록 하며, 일을 처리하면 過, 不及의 오류가 없도록 하며, 理와 義라면 날마다 그 몰랐던 바를 알아내며, 節文이라면 날마다 미처 삼가지 못했던 바를 삼가는 것, 이것이 모두 致知의 것들이다. 대체로 存心이 아니면 致知가 없게 되며, 存心한 자는 또한 致知하지 않으면 안 된다. 그러므로 이 다섯 구절은 크고 작은 것이 서로의 자료가 되고, 머리와 꼬리가 서로 응하는 것이니, 성현이 入德의 방법을 보여 줌이 이보다 상세할 수가 없다. 배우는 자는 의당 마음을 다해야 할 것이다.

027-㊆

倍, 與背同. 與, 平聲.
○ 興, 謂興起在位也. 詩, 大雅烝民之篇.

倍는 背와 같다. 與는 平聲이다.
○ 興은 흥기하여 그 위치에 있음을 말한다. 《詩》는 大雅 烝民편이다.

右第二十七章.㊀

이상은 제27장이다.

㊀ 言人道也.

人道를 말한 것이다.

제28장

공자가 말하였다.
"어리석으면서도 자기를 쓰기 좋아하며, 천하면서도 자기 마음대로 하기를 좋아하고, 지금 세상에 태어났으면서도 옛날의 도로 되돌아가려 한다면, 이와 같은 자는 재앙이 그 자신에게 미치게 될 것이다."
 천자가 아니면 예를 의논할 수 없고, 제도를 만들 수 없으며, 문文을 상고할 수 없다. 지금 천하의 수레가 동궤同軌이며, 글씨는 동문同文이며, 행동은 동륜同倫이다. 비록 지위를 가졌다 해도 진실로 그에 걸맞는 덕이 없으면 감히 예악을 지을 수 없고, 비록 그런 덕이 있다 해도 진실로 그에 맞는 직위가 없으면 역시 감히 예악을 만들어 낼 수 없다.
 공자는 이렇게 말하였다.
"나는 하夏나라 예를 말할 수 있으나, 그 후손인 기杞나라는 증거가 부족하다. 나는 은殷나라의 예는 배웠으나, 그 후손인 송宋나라 예는 그대로 남아 있기는 하다. 나는 주周나라 예를 배워 지금 이를 사용하고 있으니 나는 주나라를 따르리라."*

> 子曰:「愚而好自用, 賤而好自專, 生乎今之世, 反古之道. 如此者, 烖及其身者也.」㊀
>
> 非天子, 不議禮, 不制度, 不考文.㊁
>
> 今天下車同軌, 書同文, 行同倫.㊂ 雖有其位, 苟無其德, 不敢作禮樂焉; 雖有其德, 苟無其位, 亦不敢作禮樂焉.㊃
>
> 子曰:「吾說夏禮, 杞不足徵也; 吾學殷禮, 有宋存焉; 吾學周禮, 今用之, 吾從周.」㊄

【好自用】好는 좋아하다의 뜻. 好自專도 같음.
【不議禮】禮에 대하여 의견을 제시하지 못함.
【不考文】기록된 문자를 임의로 考定하지 못함.
【杞】夏(禹)의 후손의 나라.
【宋】殷(湯)의 후손의 나라.
*《論語》八佾篇(049, 3-9)에 "子曰:「夏禮, 吾能言之, 杞不足徵也; 殷禮, 吾能言之, 宋不足徵也. 文獻不足故也. 足, 則吾能徵之矣.」라 하였고, 爲政篇(039, 2-23)에는 子張問:「十世可知也?」子曰:「殷因於夏禮, 所損益, 可知也; 周因於殷禮, 所損益, 可知也. 其或繼周者, 雖百世, 可知也.」"라 하였다.

● 諺解

[陶山本] 子(ᄌᆞ) ㅣ 글ᄋᆞ샤디 愚(우)ᄒᆞ고 自用(ᄌᆞ용)홈을 됴히 너기며 賤(쳔)ᄒᆞ고 自專(ᄌᆞ젼)홈을 됴히 너기고 이젯 世(셰)예 나셔 녯 道(도)를 反(반)ᄒᆞ려 ᄒᆞ면 이ᄀᆞᆮᄐᆞᆫ 者(쟈)ᄂᆞᆫ 栽(ᄌᆡ) ㅣ 그 몸애 미츨 者(쟈) ㅣ 니라
天子(텬ᄌᆞ) ㅣ 아니면 禮(례)를 議(의)티 몯ᄒᆞ며 度(도)를 制(졔)티 몯ᄒᆞ며 文(문)을 考(고)티 몯ᄒᆞᄂᆞ니라

이제 天下(텬하)ㅣ 車(거)ㅣ 軌(궤)ㅣ 同(동)ᄒᆞ며 書(셔)ㅣ 文(문)이 同(동)ᄒᆞ며 行(ᄒᆡᆼ)이 倫(륜)이 同(동)ᄒᆞ니라

비록 그 位(위)ㅣ 이시나 진실로 그 德(덕)이 업스면 敢(감)히 禮樂(례악)을 作(작)디 몯ᄒᆞ며 비록 그 德(덕)이 이시나 진실로 그 位(위)ㅣ 업스면 ᄯᅩ흔 敢(감)히 禮樂(례악)을 作(작)디 몯ᄒᆞᄂᆞ니라

子(ᄌᆞ)ㅣ ᄀᆞᄅᆞ샤ᄃᆡ 내 夏(하)ㅅ 禮(례)를 說(셜)ᄒᆞ나 杞(긔)ㅣ 足(죡)히 徵(딩)티 몯ᄒᆞ고 내 殷(은)ㅅ 禮(례)를 學(ᄒᆞᆨ)ᄒᆞ니 宋(송)이 잇거니와 내 周(쥬)ㅅ 禮(례)를 學(ᄒᆞᆨ)ᄒᆞ니 이제 쓰ᄂᆞᆫ 디라 내 周(쥬)를 조초리라

栗谷本
子(ᄌᆞ)ㅣ ᄀᆞᄅᆞ샤ᄃᆡ 愚(우)코 스스로 用(용)키를 됴히 너기며 賤(쳔)코 스스로 專(젼)키를 됴히 너기며 이젯 世(셰)예 生(ᄉᆡᆼ)ᄒᆞ야 녯 道(도)를 反(반)ᄒᆞ려 ᄒᆞ면 이런 者(쟈)ᄂᆞᆫ 災(ᄌᆡ)ㅣ 그 身(신)의 미츨 者(쟈)ㅣ라 ᄒᆞ시니라

天子(텬ᄌᆞ)ㅣ 아니면 禮(례)를 議(의)티 몯ᄒᆞ며 度(도)를 制(졔)티 몯ᄒᆞ며 文(문)을 考(고)티 몯홀 디니라

이제 天下(텬하)ㅣ 車(거)ㅣ 軌(궤)ㅣ ᄒᆞᆫ 가지며 書(셔)ㅣ 文(문)이 ᄒᆞᆫ 가지며 行(ᄒᆡᆼ)이 倫(륜)이 ᄒᆞᆫ 가지니라

비록 그 位(위)를 두나 진실로 그 德(덕)이 업스면 敢(감)히 禮樂(례악)을 作(작)디 몯ᄒᆞ며 비록 그 德(덕)을 두나 진실로 그 位(위)ㅣ 업스면 敢(감)히 禮樂(례악)을 作(작)디 몯홀 디니라

子(ᄌᆞ)ㅣ ᄀᆞᄅᆞ샤ᄃᆡ 내 夏禮(하례)를 說(셜)ᄒᆞ나 杞(긔)를 足(죡)히 徵(딩)티 몯홀 디오 내 殷禮(은례)를 學(ᄒᆞᆨ)ᄒᆞ니 宋(송)이 잇거니와 내 周禮(쥬례)를 學(ᄒᆞᆨ)ᄒᆞ니 이제 쓰ᄂᆞᆫ 디라 내 周(쥬)를 從(죵)ᄒᆞ리라

◈ 集 註

028-㊀

好, 去聲. 栽, 古災字.
○ 以上孔子之言, 子思引之. 反, 復也.

好는 去聲이다. 烖는 災의 古字이다.
○ 이상은 孔子의 말로서 子思가 인용한 것이다. 反은 復이다.

028-㈡

此以下, 子思之言. 禮, 親疏·貴賤·相接之禮也. 度, 品制. 文, 書名.

이곳 이하는 자사의 말이다. 禮는 親疏·貴賤·相接의 예이다. 度는 品制이며 文은 書(典籍)의 이름이다.

028-㈢

行, 去聲.
○ 今, 子思自謂當時也. 軌, 轍迹之度. 倫, 次序之體. 三者皆同, 言天下一統也.

行은 去聲이다.
○ 今은 자사가 스스로 당시를 일컬은 것이다. 軌는 수레바퀴 자국의 度幅이다. 倫은 차례의 體이다. 이 세 가지가 모두 같다는 것은 천하가 하나로 통일되었음을 말한다.

028-㈣

鄭氏曰:「言作禮樂者, 必聖人在天子之位.」

정씨(鄭玄)는 이렇게 말하였다. "예악을 짓는 것은 반드시 성인이 천자의 지위에 있을 때여야 함을 말한 것이다."

028-㈤

此又引孔子之言. 杞, 夏之後. 徵, 證也. 宋, 殷之後. 三代之禮, 孔子皆嘗學之而能言其意; 但夏禮旣不可考證, 殷禮雖存, 又非當世之法, 惟周禮乃時王之制, 今日所用. 孔子旣不得位, 則從周而已.

이는 다시 공자의 말을 인용한 것이다. 杞는 夏의 후예이다. 徵은 證이다, 宋은 殷의 후예이다. 三代의 예는 공자가 모두 일찍이 배워 능히 그 뜻을 말할 수 있었다. 다만 夏禮는 이미 가히 고증할 수가 없었고, 殷禮는 비록 존속되고 있었으나 역시 當世의 법은 아니었다. 오직 周禮만은 바로 당시 임금의 제정으로 금일(당시) 쓰이는 바였다. 공자는 지위를 얻지 못한 경우였으므로 주나라를 따를 뿐이었던 것이다.

右第二十八章. ㊀

이상은 제28장이다.

㊀ 承上章「爲下不倍」而言, 亦人道也.

윗장의 「爲下不倍」를 이어받아 말한 것으로 역시 人道이다.

제29장

　천하에 왕노릇함에 세 가지 중요한 것이 있으니, 그렇게 하면 과실이 적으리라! 위에 있을 때에는 비록 훌륭하였으나 증거가 없을 수 있다. 증거가 없으면 믿을 수 없고, 믿을 수 없기 때문에 백성이 따를 수 없다. 성인聖人이 아래에 있을 때에는 비록 훌륭하나 지위가 높지 않았다. 지위가 높지 않으니 믿지를 못하고, 믿지 못하니 백성이 따를 수 없었다.
　그러므로 군자의 도란 자신에게서 이를 본으로 삼고, 서민에게서 이를 징험하며, 삼왕三王에게서 이를 상고해 보아 오류가 없어야 하며, 천지에게 이를 세워 보아 패역스럽지 않아야 하며, 귀신에게 이를 질정質正하여도 의심이 없어야 하며, 백세百世 뒤의 성인을 기다리면서도 미혹함이 없어야 되는 것이다. 귀신에게 질정質正하여 의심이 없음은 나를 아는 것이요, 백세 뒤의 성인을 기다리면서도 미혹함이 없음은 사람을 아는 것이다.

그러므로 군자란 움직이면 세세토록 천하의 도가 되고, 행하면 세세토록 천하의 법이 되며, 말로 하면 세세토록 천하의 법칙이 된다. 멀리 두면 우러러봄이 있게 되고 가까이해도 싫증이 없다.

《시詩》에 "저기에 있어도 미워할 사람 없고, 여기에 있어도 미워할 사람 없네. 이른 새벽 늦은 저녁까지 힘쓰시니, 그 이름 길이길이 빛나시리라!"라 하였으니 군자가 이렇게 하지 않으면서 일찍이 천하에 명예를 얻은 경우가 있지 않았다.

王天下有三重焉, 其寡過矣乎!㈠

上焉者雖善無徵, 無徵不信, 不信民弗從; 下焉者雖善不尊, 不尊不信, 不信民弗從.㈡

故君子之道: 本諸身, 徵諸庶民, 考諸三王而不繆, 建諸天地而不悖, 質諸鬼神而無疑, 百世以俟聖人而不惑.㈢

質諸鬼神而無疑, 知天也; 百世以俟聖人而不惑, 知人也.㈣

是故君子動而世爲天下道, 行而世爲天下法, 言而世爲天下則. 遠之則有望, 近之則不厭.㈤

詩曰:「在彼無惡, 在此無射; 庶幾夙夜, 以永終譽!」君子未有不如此而蚤有譽於天下者也.㈥

【三重】 앞장의 議禮, 制度, 考文을 뜻함.
【本諸身】 저(諸)는 之於, 之乎의 合音字. 자신에게 근본을 둠.
【不繆】 '不謬'와 같음. 〈四部刊要〉본의 글자를 따랐다.
【夙夜】 이른 아침.
【蚤】 早와 같음.

◉ 諺解

陶山本　天下(텬하)를 王(왕)홈이 세 重(듕)혼 거시 이시니 그 허므리 져그린뎌

上(샹)인 者(쟈)는 비록 善(션)ᄒ나 徵(딩)홈이 업스니 徵(딩)홈이 업슨 디라 信(신)티 아니ᄒ고 信(신)티 아니ᄒ는 디라 民(민)이 좃디 아니ᄂ니라 下(하)ㄴ 者(쟈)는 비록 善(션)ᄒ나 尊(존)티 아니ᄒ니 尊(존)티 아닌 디라 信(신)티 아니ᄒ고 信(신)티 아니ᄒ는 디라 民(민)이 좃디 아니ᄂ니라

故(고)로 君子(군ᄌ)의 道(도)는 身(신)에 本(본)ᄒ야 庶民(셔민)에 徵(딩)ᄒ며 三王(삼왕)에 考(고)ᄒ야도 謬(뉴)티 아니ᄒ며 天地(텬디)에 建(건)ᄒ야도 悖(패)티 아니ᄒ며 鬼神(귀신)에 質(질)ᄒ야도 疑(의)ㅣ 업스며 百世(븩셰)예 뼈 聖人(셩신)을 俟(ᄉ)ᄒ야도 惑(혹)디 아니ᄒᄂ니라

鬼神(귀신)에 質(질)ᄒ야도 疑(의)ㅣ 업슴은 天(텬)을 알 시오 百世(븩셰)예 뼈 聖人(셩신)을 俟(ᄉ)ᄒ야도 惑(혹)디 아니홈은 人(신)을 알 시니라

이런 故(고)로 君子(군ᄌ)는 動(동)홈애 世(셰)로 天下(텬하)엣 道(도)ㅣ 되ᄂ니 行(힝)홈애 世(셰)로 天下(텬하)엣 法(법)이 되며 言(언)홈애 世(셰)로 天下(텬하)엣 則(측)이 되는 디라 遠(원)ᄒ면 望(망)홈이 잇고 近(근)ᄒ면 厭(염)티 아닌ᄂ니라

詩(시)예 글오뒤 뎌에 이셔 惡(오)홈이 업스며 이에 이셔 射(역)홈이 업슨 디라 夙夜(슉야)ᄒ야 뼈 譽(여)를 기리 終(죵)타 ᄒ니 君子(군ᄌ)ㅣ 이곧디 아니ᄒ고 일쯔기 譽(여)를 天下(텬하)에 둘 者(쟈)ㅣ 잇디 아니ᄒ니라

　天下(텬하)의 王(왕)ᄒ기 세 重(듕)이 이시니 그 過(과)ㅣ 져글 딘뎌

上(샹)읫 者(쟈)는 비록 善(션)ᄒ나 徵(딩)이 업스니 徵(딩)홈이 업슨 디라 信(신)티 아니코 信(신)티 아닛는 디라 民(민)이 從(죵)티 아니ᄒ며 下(하)읫 者(쟈)는 비록 善(션)ᄒ나 尊(존)티 아니ᄒ니 尊(존)티 아닌 디라 信(신)티 아니코 信(신)티 아닛는 디라 民(민)이 從(죵)티 아닛ᄂ니라

故(고)로 君子(군ᄌ)의 道(도)는 身(신)의 本(본)ᄒ야 庶民(셔민)의 徵(딩)ᄒᄂ니 三王(삼왕)의 考(고)호매 謬(뉴)티 아니ᄒ며 天地(텬디)예 建(건)호매 悖(패)티 아니ᄒ며 鬼神(귀신)의 質(질)호매 의심이 업스며 百世(븩셰)예 뼈 聖人(셩인)을 俟(ᄉ)호매 惑(혹)디 아닐 디니라

鬼神(귀신)의 質(질)호매 의심이 업소문 天(텬)을 알오미오 百世(빅셰)예 뻐 聖人(셩인)을 俟(ᄉ)호매 惑(혹)디 아니키ᄂ 人(인)을 알오미니라
이런 故(고)로 君子(군ᄌ)ᄂ 動(동)호매 世(셰)로 天下(텬하)의 道(도)ㅣ 되ᄂ니 行(ᄒᆡᆼ)호매 世(셰)로 天下(텬하)의 法(법)이 되며 言(언)호매 世(셰)로 天下(텬하)의 則(측)이 되ᄂ 디라 遠(원)ᄒᆞ니ᄂ 望(망)홈이 잇고 近(근)ᄒᆞ니ᄂ 厭(염)티 아닛ᄂ니라
詩(시)예 굴오ᄃᆡ 뎌의 이쇼매 惡(오)ᄒᆞ리 업스며 이에 이쇼매 射(역)ᄒᆞ리 업서 거의 夙夜(슉야)ᄒᆞ야 뻐 기리 譽(여)를 終(죵)ᄒᆞ리라 ᄒᆞ니 君子(군ᄌ)ㅣ 이러티 아니코 일즉이 天下(텬하)의 譽(여)를 둘 者(쟈)ㅣ 잇디 아니니라

◆ 集註

029-㊀

王, 去聲.
○ 呂氏曰:「三重, 謂議禮・制度・考文. 惟天子得以行之, 則國不異政, 家不殊俗, 而人得寡過矣.」

王은 去聲이다.
○ 여씨(呂大臨)는 이렇게 말하였다. "三重은 議禮・制度・考文을 말한다. 오직 천자만이 이를 수행하게 되면 나라에 서로 다른 정치가 없고, 집에는 서로 다른 풍속이 없게 되어, 사람이 허물을 적게 할 수 있는 것이다."

029-㊁

上焉者, 謂時王以前, 如夏・商之禮雖善, 而皆不可考. 下焉者, 謂聖人在下, 如孔子雖善於禮, 而不在尊位也.

上焉者란 당시 임금 이전을 말한다. 이를테면 夏・商의 예가 비록 훌륭하나 모두가 가히 상고할 수 없는 것과 같은 것이다. 下焉者란 성인이 아래에 있는 경우를 말한다. 이를테면 공자는 비록 禮에 뛰어났지만 높은 지위에 있지

못했음과 같은 것이다.

029-㈢

此君子, 指王天下者而言. 其道, 卽議禮·制度·考文之事也. 本諸身, 有其德也. 徵諸庶民, 驗其所信從也. 建, 立也, 立於此而參於彼也. 天地者, 道也. 鬼神者, 造化之迹也. 百世以俟聖人而不惑, 所謂聖人復起, 不易吾言者也.

여기서의 군자는 天下에 왕노릇하는 자를 가리켜 한 말이다. 그 道란 議禮·制度·考文의 일이다. 본저신(本諸身)은 그 덕을 가지고 있음이다. 징저서민(徵諸庶民)은 그 믿고 따르는 것을 징험하는 것이다. 建은 立이며 여기에 세워 저기에 참여하는 것이다. 天地란 道이며, 鬼神이란 造化의 흔적이다. 百世以俟聖人而不惑이란 소위 "성인이 다시 태어나도 나의 말을 바꿀 수 없을 것이다"《孟子》滕文公 下, 060, 6-9)라 함이다.

029-㈣

知天知人, 知其理也.

하늘을 알고 사람을 안다(知天知人)함은 그 理를 아는 것이다.

029-㈤

動, 兼言行而言. 道, 兼法則而言. 法, 法度也. 則, 準則也.

動은 言과 行을 겸하여 말한 것이요, 道란 法과 則을 겸하여 말한 것이다. 法은 法度요, 칙(則)은 準則이다.

029-㈥

惡, 去聲. 射, 音妒, 詩作斁.
○ 詩, 周頌振鷺之篇. 射, 厭也. 所謂此者, 指本諸身以下六事而言.

惡는 去聲이다. 射는 음이 투(妒)이며 《詩》에는 斁(두)로 되어 있다.
○ 《詩》는 周頌 振鷺篇이다. 射는 厭이다. 말한 바 비라는 것은 本諸身이하 六事를 가리켜 말한 것이다.

右第二十九章.㊀

이상은 제29장이다.

㊀ 承上章「居上不驕」而言, 亦人道也.

윗장 「居上不驕」를 이어받아 말한 것으로 역시 人道이다.

제30장

중니仲尼는 멀리 요순堯舜의 도를 그 조종祖宗으로 삼고, 문무文武를 법으로 삼았으며, 위로는 천시天時를 법으로 하고, 아래로는 수토水土를 이치로 여겼다.

비유컨대 천지가 지재持載하지 않음이 없고, 부도覆幬하지 않음이 없는 것과 같다. 비유컨대 사시四時가 교대로 운행함과 같고, 일월이 교대로 밝은 것과 같다. 만물은 아울러 생육하되 서로 해치지 아니하고, 도는 함께 운행되되 서로 위배하지 않는다.

소덕小德은 냇물의 흐름이며, 대덕大德은 돈화敦化이니 이는 천지가 위대함이 되는 소이所以이다.

仲尼祖述堯舜, 憲章文武; 上律天時, 下襲水土.㊀

辟如天地之無不持載, 無不覆幬, 辟如四時之錯行, 如日月之代明.㊁

萬物並育而不相害, 道並行而不相悖, 小德川流, 大德敦化, 此天地之所以爲大也.㊂

【祖述堯舜】멀리 堯舜의 道를 祖宗으로 삼음.
【憲章文武】가까이 文王, 武王을 法으로 삼음.
【覆幬】'덮어 주다'의 뜻. '부도'로 읽음.
【錯行】錯은 '가로세로로, 순서대로, 차례로'의 뜻.
【代明】순서대로 빛을 발함.

◉ 諺解

〔南山本〕 仲尼(듕니)는 堯舜(요슌)을 祖述(조슐)ᄒ시고 文武(문무)를 憲章(헌쟝)ᄒ시며 우흐로는 天時(텬시)를 律(률)ᄒ시고 아래로는 水土(슈토)를 襲(습)ᄒ시니라

辟(비)컨댄 天地(텬디)의 持載(디지)티 아니홈이 업스며 覆幬(부도)티 아니홈이 업슴 ᄀᆞᆮᄐ며 辟(비)컨댄 四時(ᄉ시)의 錯(착)ᄒ야 行(ᄒᆡᆼ)홈 ᄀᆞᆮᄐ며 日月(실월)의 代(ᄃᆡ)ᄒ야 明(명)홈 ᄀᆞᆮᄐ니라

萬物(만믈)이 ᄀᆞᆯ와 育(육)ᄒ야 서르 害(해)티 아니ᄒ며 道(도)ㅣ ᄀᆞᆯ와 行(ᄒᆡᆼ)ᄒ야 서르 悖(패)티 아니ᄒᄂᆞᆫ 디라 小德(쇼덕)은 川(쳔)의 流(류)홈이오 大德(대덕)은 化(화)를 敦(돈)ᄒ니 이 天地(텬디)의 뻐 큰 배니라

〔栗谷本〕 仲尼(듕니)는 堯舜(요슌)을 祖述(조슐)ᄒ시고 文武(문무)를 憲章(헌쟝)ᄒ시며 우흐로 天時(텬시)를 律(률)ᄒ시고 아래로 水土(슈토)를 襲(습)ᄒ시니라

辟(비)컨댄 天地(텬디)의 持載(디지) 아닐 듸 업스며 覆幬(부도) 아닐 듸 업슴 フ트며 辟(비)컨댄 四時(스시)의 錯(착)호야 行(힝)홈 フ트며 日月(일월)의 代(디)호야 明(명)홈 フ트니라

萬物(만믈)이 굴 育(육)호야 서르 害(해)티 아니호며 道(도)ㅣ 굴 行(힝)호야 서르 悖(패)티 아니호야 져근 德(덕)은 川(쳔)의 流(류)틋호고 큰 德(덕)은 化(화)를 敦(돈)히 호느니 이 天地(텬디)의 뻐 大(대)호 배니라

◆ 集 註

030-㊀

祖述者, 遠宗其道. 憲章者, 近守其法. 律天時者, 法其自然之運. 襲水土者, 因其一定之理. 皆兼內外該本末而言也.

祖述이란 멀리 그 도를 宗으로 삼음이요, 憲章이란 가까이 그 법을 지키는 것이다. 律天時란 그 자연의 운행을 법 받는 것이요, 襲水土란 그 一定한 이치를 근거로 하는 것이니 모두가 內外를 겸하고 本末을 해당시켜 말한 것이다.

030-㊁

辟, 音譬. 幬, 徒報反.
○ 錯, 猶迭也. 此言聖人之德.

辟는 음이 비(譬)이다. 幬는 「徒報反」(도)이다.
○ 錯은 迭(차례로 함, 교대로 함)과 같다. 이는 성인의 덕을 말한 것이다.

030-㊂

悖, 猶背也. 天覆地載, 萬物並育於其間而不相害; 四時日月, 錯行代明而不相悖. 所以不害不悖者, 小德之川流; 所以並育並行者, 大德之敦化. 小德者, 全體之分; 大德者, 萬殊之本. 川流者, 如川之流, 脈絡分明而往不息也. 敦化者, 敦厚其化, 根本盛大而出無窮也. 此言天地之道, 以見上文取辟之意也.

悖는 背와 같다. 하늘이 덮어 주고 땅이 실어 주니, 만물이 그 사이에서 함께 자라면서도 서로 해를 끼치지 않는다. 四時와 日月이 차례로 운행되고 교대를 밝혀 주면서도 서로 위배하지 않는다. 해를 주지도 않고 위배하지도 않는 것은 小德의 川流이며, 함께 길러 주고 함께 운행됨은 大德의 敦化이다. 小德이란 전체의 부분이요, 대덕이란 만 가지 차이의 근본이다. 川流란 마치 물이 흐르듯이 맥락이 분명하여 흘러가도 쉬지 않는 것이다. 敦化란 그 化育을 돈후하게 하여, 근본이 성대하되 생겨남이 무궁한 것이다. 이는 天地의 도를 말하여 윗글 취비(取辟)의 뜻을 보인 것이다.

右第三十章. ㊀

이상은 제30장이다.

㊀ 言天道也.

天道를 말한 것이다.

제31장

　오직 천하의 지성至聖이어야 능히 총명예지聰明睿知가 족히 임함이 있을 수 있고, 관유온유寬裕溫柔가 족히 용납함이 있을 수 있고, 발강강의 發强剛毅가 족히 지속함이 있을 수 있고, 제장중정齊莊中正이 족히 공경이 있을 수 있고, 문리밀찰文理密察이 족히 변별이 있을 수 있다.
　부박溥博, 연천淵泉하여 때맞추어 이를 내놓는다. 부박은 하늘과 같고, 연천은 못과 같다. 드러나면 백성이 공경하지 않음이 없고, 말로 하면 백성이 믿지 않음이 없으며, 실행하면 백성이 즐거워하지 않음이 없다.
　이 까닭으로 성명聲名이 중국中國에 넘쳐나고 만맥蠻貊에까지 미쳐간다. 배나 수레가 닿는 곳, 사람 힘이 미치는 바, 하늘이 덮어 준 바, 땅이 싣고 있는 바, 해와 달이 비치는 바, 서리와 이슬이 떨어지는 바, 무릇 혈기가 있는 자는 어느 것 하나 존경하여 친히 여기지 않음이 없다. 그러므로 배천配天이라 일컫는 것이다.

唯天下至聖, 爲能聰明睿知, 足以有臨也; 寬裕溫柔, 足以有容也; 發强剛毅, 足以有執也; 齊莊中正, 足以有敬也; 文理密察, 足以有別也.㊀

溥博淵泉, 而時出之.㊁ 溥博如天, 淵泉如淵. 見而民莫不敬, 言而民莫不信, 行而民莫不說.㊂

是以聲名洋溢乎中國, 施及蠻貊; 舟車所至, 人力所通; 天之所覆, 地之所載, 日月所照, 霜露所隊; 凡有血氣者, 莫不尊親, 故曰配天.㊃

【至聖】孔子를 가리킴. 공자를 至聖先師라 함.
【睿知】叡智와 같음. 生而知之의 材質을 뜻함.
【齊莊】敬肅莊重한 모습. 雙聲 聯綿語.
【溥博】광대함. 역시 雙聲 聯綿語. 諺解本에는 溥의 음을 '보'라 하였음.
【說】悅과 같음. '열'로 읽음.
【洋溢】충만하여 널리 퍼짐. 雙聲 聯綿語.
【蠻貊】미개한 異民族을 총칭하는 말. 蠻은 南方 이민족, 貊은 北方 이민족.
【隊】墜와 같음. '추'로 읽음.

● 諺解

【陶山本】 오직 天下(텬하)읫 지극흔 聖(셩)이아 能(능)히 聰(총)이며 明(명)이며 睿(예)ㅣ며 知(디)ㅣ 足(죡)히 뻐 臨(림)홈이 인ᄂ니 寬(관)이며 裕(유)ㅣ며 溫(온)이며 柔(슈)ㅣ 足(죡)히 뻐 容(용)홈이 이시며 發(발)이며 强(강)이며 剛(강)이며 毅(의)ㅣ 足(죡)히 뻐 執(집)홈이 이시며 齊(직)ㅣ며 莊(장)이며 中(듕)이며 正(졍)이 足(죡)히 뻐 敬(경)홈이 이시며 文(문)이며 理(리)ㅣ며 密(밀)이며 察(찰)이 足(죡)히 뻐 別(별)홈이 인ᄂ니라

《중용》 장구 제31장

溥(보)ᄒ고 博(박)ᄒ며 淵(연)ᄒ고 泉(쳔)ᄒ야 時(시)로 出(츌)ᄒᄂ니라
溥博(보박)은 天(텬)ᄀᆮ고 淵泉(연쳔)은 淵(연)ᄀᆮᄐᆫ 디라 見(현)홈애 民(민)이 공경티 아니리 업스며 言(언)홈애 民(민)이 믿디 아니리 업스며 行(ᄒᆡᆼ)홈애 民(민)이 깃거 아니리 업스니라
일로ᄡᅥ 聲名(셩명)이 中國(듕국)에 洋溢(양일)ᄒ야 蠻貊(만ᄆᆡᆨ)에 施及(이급)ᄒ야 舟車(쥬거)의 니ᄅᆞᄂᆞᆫ 바와 人力(신력)의 通(통)ᄒᄂᆞᆫ 바와 天(텬)의 覆(부)ᄒᆞᆫ 바와 地(디)의 載(ᄌᆡ)ᄒᆞᆫ 바와 日月(실월)의 照(죠)ᄒᄂᆞᆫ 바와 霜露(상로)의 隊(튜)ᄒᄂᆞᆫ 바애 믈읫 血氣(혈긔) 인ᄂᆞᆫ 者(쟈) ㅣ 尊(존)ᄒ며 親(친)티 아니리 업ᄂᆞ니 故(고)로 글오디 天(텬)을 配(비)홈이니라

栗谷本　오직 天下(텬하)의 지극ᄒᆞᆫ 聖(셩)이아 能(능)히 聰(총)ᄒ며 明(명)ᄒ며 睿知(예디)호미 足(죡)히 ᄡᅥ 臨(림)호미 잇ᄂᆞ니 寬(관)ᄒ며 裕(유)ᄒ며 溫(온)ᄒ며 柔(유)호미 足(죡)히 ᄡᅥ 容(용)호미 이시며 發(발)ᄒ며 强(강)ᄒ며 剛(강)ᄒ며 毅(의)호미 足(죡)히 ᄡᅥ 執(집)호미 이시며 齊(지)ᄒ며 莊(장)ᄒ며 中(듕)ᄒ며 正(졍)호미 足(죡)히 ᄡᅥ 敬(경)호미 이시며 文(문)ᄒ며 理(리)ᄒ며 密(밀)ᄒ며 察(찰)호미 足(죡)히 ᄡᅥ 別(별)호미 잇ᄂᆞ니라
溥博(보박)ᄒ며 淵泉(연쳔)ᄒ야 時(시)로 出(츌)ᄒᄂ니라
溥博(보박)호믄 天(텬)ᄀᆮ고 淵泉(연쳔)호믄 淵(연)ᄀᆮᄐᆞ니 見(현)호매 民(민)이 敬(경)티 아니리 업스며 言(언)호매 民(민)이 信(신)티 아니리 업스며 行(ᄒᆡᆼ)호매 民(민)이 說(열)티 아니리 업스니라
일로ᄡᅥ 聲名(셩명)이 中國(듕국)의 洋溢(양일)ᄒ야 施(시)호미 蠻貊(만ᄆᆡᆨ)의 미처 舟車(쥬거)의 至(지)ᄒᄂᆞᆫ 바와 人力(인력)의 通(통)ᄒᄂᆞᆫ 바와 天(텬)의 覆(부)ᄒᆞᆫ 바와 地(디)의 載(ᄌᆡ)ᄒᆞᆫ 바와 日月(일월)의 照(죠)ᄒᄂᆞᆫ 바와 霜露(상로)의 隊(튜)ᄒᄂᆞᆫ 바의 믈읫 血氣(혈긔) 둣ᄂᆞᆫ 者(쟈) ㅣ 尊(존)ᄒ며 親(친)티 아니리 업ᄂᆞ니 故(고)로 글오디 天(텬)을 配(비)ᄒ다 ᄒ니라

◆ 集註

031-㈠
知, 去聲. 齊, 側皆反. 別, 彼列反.

○ 聰明睿知, 生知之質. 臨, 謂居上而臨下也. 其下四者, 乃仁義禮智之德. 文, 文章也. 理, 條理也. 密, 詳細也. 察, 明辯(辨)也.

知는 去聲이다. 재(齊)는 「側皆反」(재)이다. 別은 「彼列反」(별)이다.
○ 聰明睿知는 生知(生而知之)의 재질이다. 臨은 위에 거하면서 아래에 임하는 것이다. 그 아래 네 가지는 바로 仁, 義, 禮, 知의 덕이다. 文은 文章이다. 理는 條理이다. 密은 詳細함이다. 察은 밝게 辨別함이다.

031-㋁

溥博, 周徧而廣闊也. 淵泉, 靜深而有本也. 出, 發見也. 言「五者之德, 充積於中, 而以時發見於外也.」

溥博은 두루두루 하면서 광활함이다. 淵泉은 조용히 깊으면서 근본이 있는 것이다. 出은 발현함이다. "다섯 가지 덕이 가운데에 充積하여 때맞추어 밖으로 발현됨"을 말한 것이다.

031-㋂

見, 音現. 說, 音悅.
○ 言「其充積極其盛, 而發見當其可也.」

見은 음이 현(現)이다. 說은 음이 열(悅)이다.
○ "그 充積이 그 盛을 지극히 하여 그 可함에 마땅함을 발현시키는 것"을 말한 것이다.

031-㋃

施, 去聲. 隊, 音墜.
○ 舟車所至以下, 蓋極言之. 配天, 言「其德之所及, 廣大如天也.」

施는 去聲이다. 隊는 음이 추(墜)이다.
○ 舟車所至 이하는 대체로 이를 극단적으로 말한 것이다. 配天은 "그 덕의

미침이 광대하기가 마치 하늘같음"을 말한다.

右第三十一章.㊀
이상은 제31장이다.

㊀ 承上章而言「小德之川流」, 亦天道也.

윗장을 이어받아 「小德之川流」를 말한 것으로 역시 天道이다.

제32장

　오직 천하의 지성至誠이어야만 능히 천하의 대경大經을 경륜經綸할 수 있으며, 천하의 대본大本을 세워 천지의 화육化育을 알아낼 수 있으니, 어찌 달리 기댈 바가 있으리오?
　준준肫肫한 그 인仁이여, 연연淵淵한 그 연淵이여! 호호浩浩한 그 천天이여! 진실로 총명하고 성지聖知하여 하늘의 덕을 통달한 자가 아니라면 그 누가 능히 이것을 알아낼 수 있겠는가?

> 唯天下至誠, 爲能經綸天下之大經, 立天下之大本, 知天地之化育. 夫焉有所倚?㊀ 肫肫其仁! 淵淵其淵! 浩浩其天!㊁
> 苟不固聰明聖知達天德者, 其孰能知之?㊂

【經綸】 올곧게 일을 처리함.
【大經】 朱子는 五倫을 뜻한다고 보았음.
【肫肫】 간절하고 성의가 있는 모습. '준준'으로 읽음. 肫은 원음은 순.

◉ 諺解

【陶山本】 오직 天下(텬하)읫 지극흔 誠(셩)이아 能(능)히 天下(텬하)읫 큰 經(경)을 經(경)ᄒ며 綸(륜)ᄒ며 天下(텬하)읫 큰 本(본)을 立(립)ᄒ며 天地(텬디)의 化育(화육)을 아ᄂ니 엇디 倚(의)흔 배 이시리오

肫肫(쥰쥰)흔 그 仁(신)이며 淵淵(연연)흔 그 淵(연)이며 浩浩(호호)흔 그 天(텬)이니라

진실로 진짓 聰(총)ᄒ며 明(명)ᄒ며 聖(셩)ᄒ며 知(디)ᄒ야 天德(텬덕)을 達(달)흔 者(쟈)ㅣ 아니면 그 뉘 能(능)히 알리오

【栗谷本】 오직 天下(텬하)의 至誠(지셩)이아 能(능)히 天下(텬하)의 大經(대경)을 經綸(경륜)ᄒ며 天下(텬하)의 大本(대본)을 立(립)ᄒ며 天地(텬디)의 化育(화육)을 아ᄂ니 엇디 倚(의)흔 배이시리오

肫肫(쥰쥰)흔 그 仁(인)이며 淵淵(연연)흔 그 淵(연)이며 浩浩(호호)흔 그 天(텬)이로다

진실로 실히 聰明(총명)ᄒ며 聖知(셩디)ᄒ야 天德(텬덕)을 達(달)흔 者(쟈)ㅣ 아니면 그 뉘 能(능)히 알리오

◆ 集註

032-㈠

夫, 音扶. 焉, 於虔反.

○ 經·綸, 皆治絲之事. 經者, 理其緒而分之; 綸者, 比其類而合之也. 經, 常也. 大經者, 五品之人倫. 大本者, 所性之全體也. 惟聖人之德, 極誠無妄, 故於人倫各盡其當然之實, 而皆可以爲天下後世法, 所謂經綸之也. 其於所性之全體, 無一毫人

欲之僞以雜之, 而天下之道, 千變萬化, 皆由此出, 所謂立之也. 其於天地之化育, 則亦其極誠無妄者有默契焉, 非但聞見之知而已. 此皆至誠無妄, 自然之功用, 夫豈有所倚著於物而後能哉?

夫는 음이 부(扶)이다. 焉은 「於虔反」이다.
○ 經, 綸은 모두가 실을 다루는 일이다. 經이란 그 실마리를 다스려 이를 나누는 것(푸는 것)이요, 綸이란 그 같은 것을 견주어 이를 합하는 것이다. 經은 常이다. 大經이란 五品의 人倫이다. 大本이란 性인 바의 전체이다. 오직 성인의 덕만이 지극히 성실하여 망녕됨이 없다. 그러므로 人倫에서 각기 그 당연함의 실제를 다하여 모두가 가히 천하 후세의 법이 될 수 있으니, 소위 말하는 "이를 경륜한다"라는 것이다. 그 性 되는 바의 전체는 털끝만큼의 人欲의 거짓이 이에 섞임이 없어 천변만화가 모두 여기에서 말미암아 나오니, 소위 말하는 "이를 세우다"이다. 그것이 천지의 化育에 있어서도 역시 그 極誠無妄함이 이를 默契함이 있어, 다만 듣고 보아서 아는 것만이 아닌 것이다. 이는 모두가 至誠無妄한 자연의 功用이니 무릇 어찌 物에 의착(倚著)한 이후에야 능한 것이겠는가?

032-㊁

肫, 之純反.
○ 肫肫, 懇至貌, 以經綸而言也. 淵淵, 靜深貌, 以立本而言也. 浩浩, 廣大貌, 以知化而言也. 其淵其天, 則非特如之而已.

肫은 「之純反」(준)이다.
○ 肫肫은 간절하고 지극한 모습으로 經綸으로써 말한 것이다. 淵淵은 고요하고 깊은 모습으로 立本으로써 말한 것이다. 浩浩는 넓고 큰 모습으로 知化로써 말한 것이다. 其淵과 其天이면 특별히 그와 똑같지만은 않을 뿐이다.

032-㊂

聖知之知, 去聲.
○ 固, 猶實也. 鄭氏曰: 「惟聖人能知聖人也.」

聖知의 知는 去聲이다.

○ 固는 實과 같다. 정씨(鄭玄)는 "오직 성인만이 능히 성인을 알아볼 수 있다"라고 하였다.

右第三十二章.㊀
이상은 제32장이다.

㊀ 承上章而言大德之敦化, 亦天道也. 前章言至聖之德, 此章言至誠之道. 然至誠之道, 非至聖不能知; 至聖之德, 非至誠不能爲, 則亦非二物矣. 此篇言:「聖人天道之極致, 至此而無以加矣.」

윗장을 이어받아 大德之敦化를 말한 것으로 역시 천도이다. 앞장에서는 至聖之德을 말하였고, 이 장에서는 至誠之道를 말한 것이다. 그러나 至誠之道란 至聖이 아니면 능히 알아내지 못하는 것이요, 至聖之德은 至誠이 아니고서는 능히 해 낼 수 없는 것이니, 역시 두 가지 서로 다른 사물이 아니다. 이 편에서는 "성인의 天道의 極致는 여기에 이르러 더 보탤 것이 없음"을 말한 것이다.

제33장

《시詩》에 "비단옷 입은 위에 홑옷을 덧입었네"라 하였는데 이는 그 문채가 드러남을 싫어해서이다. 그러므로 군자의 도란 암연闇然하되 날로 드러나고, 소인의 도는 적연的然하되 날로 사라진다.

군자의 도는 담담하면서 싫증이 나지 않고, 간단하면서도 문채가 나며, 온화하되 이치가 있으니, 먼 것이 가까운 것에서 비롯됨을 알며, 바람이 스스로 시작됨을 알며, 미세함이 더욱 드러남을 아는 것이니, 가히 더불어 덕德으로 들어갈 수 있는 것이다.

《시》에 "잠긴 데다가 비록 엎드리기까지 하여도, 역시 크게 드러나 밝도다!"라 하였다. 그러므로 군자는 안으로 살펴 병폐가 없고, 그 뜻에 혐오된 바가 없다. 군자가 가히 따를 수 없는 바는 그것이 오직 사람들이 그를 보지 못하기 때문일 뿐이리라!

《시》에 "너 홀로 방 안에 있을 때 보았더니, 오히려 방 귀퉁이에게조차 부끄러울 일 없이 하더라"라 하였다.

그러므로 군자는 움직이지 않아도 공경하고 말하지 않아도 믿게 된다.

《시》에 "나아가 신이 오심을 요구하여, 신께서 흠향할 때에는 신의 감격感格으로 숙연히 말이 없고 다툼이 없네"라 하였다.

이 까닭으로 군자는 상을 내리지 않아도 백성들이 권면하며, 노하지 않아도 백성들은 부월鈇鉞보다 더 두려워하는 것이다.

《시》에 "드러나지 않는 그 덕으로도, 백벽百辟은 이를 법으로 여기네"라 하였다. 이 까닭으로 군자가 공경을 독실히 하여 천하가 태평해지게 하는 것이다.

《시》에 "내 너에게 명덕으로 백성을 감화시키도록 품어 주거늘, 목소리와 얼굴빛을 크게 여기지 말라"라 하였으며, 공자는 "목소리와 얼굴빛으로써 백성을 교화시키는 것은 말末이다"라고 하였다.

《시》에 "덕의 가벼움은 털과 같도다"라 하였는데 털은 오히려 비유할 데가 있으니, "하늘이 하는 일은 소리도 없고 냄새도 없네"라 한 것이 더욱 지극한 경지이다!

詩曰:「衣錦尙絅」, 惡其文之著也. 故君子之道, 闇然而日章; 小人之道, 的然而日亡. 君子之道: 淡而不厭, 簡而文, 溫而理, 知遠之近, 知風之自, 知微之顯, 可與入德矣.㊀

詩云:「潛雖伏矣, 亦孔之昭!」故君子內省不疚, 無惡於志. 君子之所不可及者, 其唯人之所不見乎!㊁

詩云:「相在爾室, 尙不愧于屋漏.」故君子不動而敬, 不言而信.㊂

詩曰:「奏假無言, 時靡有爭.」是故君子不賞而民勸, 不怒而民威於鈇鉞.④

詩曰:「不顯惟德! 百辟其刑之.」是故君子篤恭而天下平.⑤

詩云:「予懷明德, 不大聲以色.」子曰:「聲色之於以化民, 末也.」

詩云:「德輶如毛」, 毛猶有倫, 「上天之載, 無聲無臭」, 至矣!⑥

【闇然】 어둡고 캄캄함.
【旳】 밝다(明)의 뜻. 그 때문에 적(旳)자의 通假字가 아닌가 여김.
【鈇鉞】 鈇는 작두(斫刀), 鉞은 도끼. 모두 고대의 刑具.
【百辟】 辟은 임금의 뜻. 따라서 百辟은 諸侯라는 뜻.
【輶】 '가볍다'(輕)와 같음.
【倫】 '비교하다, 비유하다'의 뜻.

● 諺 解

陶山本　詩(시)예 굴오딕 錦(금)을 衣(의)ᄒ고 絅(경)을 尙(샹)ᄒ다 ᄒ니 그 文(문)의 著(뎌)홈을 惡(오)홈이라 故(고)로 君子(군즈)의 道(도)ᄂᆞᆫ 闇然(암연)ᄒ오딕 날로 章(쟝)ᄒ고 小人(쇼신)의 道(도)ᄂᆞᆫ 的然(뎍연)ᄒ오딕 날로 亡(망)ᄒᄂᆞ니 君子(군즈)의 道(도)ᄂᆞᆫ 淡(담)ᄒ오딕 厭(염)티 아니ᄒ며 簡(간)ᄒ오딕 文(문)ᄒ며 溫(온)ᄒ오딕 理(리)ᄒ니 遠(원)의 近(근)으로 홈을 알며 風(풍)의 自(ᄌᆞ)홈을 알며 微(미)의 顯(현)홈을 알면 可(가)히 더브러 德(덕)에 入(십)ᄒ리라

詩(시)예 닐오딕 潛(줌)ᄒᆞᆫ 거시 비록 伏(복)ᄒ나 ᄯᅩᄒᆞᆫ 심히 昭(쇼)타 ᄒ니 故(고)로 君子(군즈)ᄂᆞᆫ 內(ᄂᆡ)로 省(셩)ᄒ야 疚(구)티 아니ᄒ야 志(지)예

惡(오)홈이 업ᄂᆞ니 君子(군ᄌᆞ)의 可(가)히 밋디 몯홀 바ᄂᆞᆫ 그 오직 사ᄅᆞᆷ의 보디 몯ᄒᆞᄂᆞᆫ 바엔뎌

詩(시)예 닐오디 네 室(실)애 在(지)홈을 相(샹)혼디 거의 屋漏(옥루)에 붓그럽디 아니타 ᄒᆞ니 故(고)로 君子(군ᄌᆞ)ᄂᆞᆫ 動(동)티 아니ᄒᆞ야셔 敬(경)ᄒᆞ며 言(언)티 아니ᄒᆞ야셔 信(신)ᄒᆞᄂᆞ니라

詩(시)예 ᄀᆞᆯ오디 奏(주)ᄒᆞ야 假(격)홈애 言(언)이 업서 時(시)예 爭(ᄌᆡᆼ)ᄒᆞ리 잇디 아니타 ᄒᆞ니 이런 故(고)로 君子(군ᄌᆞ)ᄂᆞᆫ 賞(샹)티 아니ᄒᆞ야셔 民(민)이 勸(권)ᄒᆞ며 怒(노)티 아니ᄒᆞ야셔 民(민)이 鈇鉞(부월)두곤 威(위)ᄒᆞᄂᆞ니라

詩(시)예 ᄀᆞᆯ오디 顯(현)티 아니ᄒᆞᆫ 德(덕)을 百辟(ᄇᆡᆨ벽)이 그 刑(형)ᄒᆞ다 ᄒᆞ니 이런 故(고)로 君子(군ᄌᆞ)ᄂᆞᆫ 恭(공)을 篤(독)히 홈애 天下(텬하)ㅣ 平(평)ᄒᆞᄂᆞ니라

詩(시)예 닐오디 내 明德(명덕)의 聲(셩)과 다믓 色(ᄉᆡᆨ)을 크게 아니홈을 懷(회)ᄒᆞ노라 ᄒᆞ야ᄂᆞᆯ 子(ᄌᆞ)ㅣ ᄀᆞᆯ으샤디 聲(셩)과 色(ᄉᆡᆨ)이 뻐 民(민)을 化(화)홈애 末(말)이라 ᄒᆞ시니라 詩(시)예 닐오디 德(덕)의 輶(유)홈이 毛(모)곧다 ᄒᆞ니 毛(모)ᄂᆞᆫ 오히려 倫(륜)이 잇거니와 上天(샹텬)의 載(지)ㅣ 聲(셩)이 업스며 臭(취)ㅣ 업다 홈이사 지극ᄒᆞ니라

栗谷本 詩(시)예 ᄀᆞᆯ오디 錦(금)을 衣(의)ᄒᆞ고 絅(경)을 尙(샹)ᄒᆞ다 ᄒᆞ니 그 文(문)의 著(뎌)호믈 惡(오)호미니 故(고)로 君子(군ᄌᆞ)의 道(도)ᄂᆞᆫ 闇然(암연)호디 날로 章(쟝)ᄒᆞ고 小人(쇼인)의 道(도)ᄂᆞᆫ 的然(뎍연)호디 날로 亡(망)ᄒᆞᄂᆞ니 君子(군ᄌᆞ)의 道(도)ᄂᆞᆫ 淡(담)호디 厭(염)티 아니ᄒᆞ며 簡(간)호디 文(문)ᄒᆞ며 溫(온)호디 理(리)ᄒᆞ니 遠(원)의 近(근)호믈 알며 風(풍)의 自(ᄌᆞ)호믈 알며 微(미)의 顯(현)호믈 알면 可(가)히 더브러 德(덕)의 入(입)홀 디니라

詩(시)예 닐오디 潛(ᄌᆞᆷ)ᄒᆞᆫ 거시 비록 伏(복)ᄒᆞ나 ᄯᅩᄒᆞᆫ 孔(공)히 昭(쇼)ᄒᆞ다 ᄒᆞ니 故(고)로 君子(군ᄌᆞ)ᄂᆞᆫ 안ᄒᆞ로 省(셩)호매 疚(구)티 아니ᄒᆞ야 志(지)예 惡(오)호미 업ᄂᆞ니 君子(군ᄌᆞ)의 可(가)히 及(급)디 몯홀 바ᄂᆞᆫ 그 오직 人(인)의 見(견)티 아닌 밴뎌

詩(시)예 닐오디 爾(이)의 室(실)애 이신 제를 본디 거의 屋漏(옥루)의도 愧(괴)티 아니타 ᄒᆞ니 故(고)로 君子(군ᄌᆞ)ᄂᆞᆫ 動(동)티 아녀셔 敬(경)ᄒᆞ며 言(언)티 아녀셔 信(신)ᄒᆞᄂᆞ니라

詩(시)에 글오딕 奏(주)ㅎ야 假(격)홀 제 言(언)이 업소매 時(시)에 爭(징)ㅎ리 잇디 아니타 ㅎ니 이런 故(고)로 君子(군즈)는 賞(샹)티 아녀셔 民(민)이 勸(권)ㅎ며 怒(노)티 아녀셔 民(민)이 鈇鉞(부월)두곤 젓ᄂ니라

詩(시)에 글오딕 顯(현)티 아닌 德(덕)을 百辟(빅벽)이 그 刑(형)혼다 ㅎ니 이런 故(고)로 君子(군즈)는 恭(공)을 篤(독)히 호매 天下(텬하)ㅣ 平(평)ㅎᄂ니라

詩(시)에 닐오딕 내 明(명)혼 德(덕)의 聲(셩)과 다못 色(싟)을 大(대)케 아니호믈 懷(회)ㅎ노라 ㅎ야늘 子(즈)ㅣ ᄀᄅ샤딕 聲色(셩싟)이 民(민)을 化(화)호매 末(말)이라 ㅎ시니 詩(시)에 닐오딕 德(덕)이 가빅야오미 毛(모)ᄀᆺ다 ㅎ니 毛(모)는 오히려 倫(륜)이 잇거니와 上天(샹텬)의 載(직)ㅣ 聲(셩) 업스며 臭(취)업다 호미아 지극ㅎ니라

◆ 集註

033-㊀

衣, 去聲. 絅, 口逈反. 惡, 去聲. 闇, 於感反.

○ 前章言聖人之德, 極其盛矣. 此復自下學立心之始言之, 而下文又推之以至其極也. 詩, 國風衛碩人·鄭之丰, 皆作「衣錦褧衣」. 褧, 絅同. 禪衣也. 尚, 加也. 古之學者爲己, 故其立心如此. 尚絅故闇然, 衣錦故有日章之實. 淡·簡·溫, 絅之襲於外也; 不厭而文且理焉, 錦之美在中也. 小人反是, 則暴於外而無實以繼之, 是以的然而日亡也. 遠之近, 見於彼者由於此也. 風之自, 著乎外者本乎內也. 微之顯, 有諸內者形諸外也. 有爲己之心, 而又知此三者, 則知所謹而可入德矣. 故下文引詩言謹獨之事.

衣는 去聲이다. 絅은 「口逈反」(경)이다. 惡는 去聲이다. 闇은 「於感反」(암)이다.

○ 앞장에서 성인의 덕은 그 盛함을 지극히 한다라 하였다. 여기서는 다시 下學의 立心之始로부터 말하였으며, 아랫글에서 다시 이를 미루어 그 지극함에 이르고 있다. 《詩》는 國風 衛風의 碩人篇, 鄭風의 봉편(丰篇)으로 모두가 「衣錦褧衣」로 되어 있다. 褧은 絅과 같으며 禪衣(홑옷)이다. 尚은 加이다. 옛날의 학자는 자신을 위해서 공부하였다.(《論語》憲問篇) 그러므로 立心이 이와 같았던 것이다.

홑옷을 걸쳤기 때문에 闇然(직접 드러나지 않음)하고, 비단옷을 입었기 때문에 날로 빛나는 실제가 있는 것이다. 淡, 簡, 溫은 홑옷을 겉에 입은 것이요, 싫지 않으면서 문채가 나고, 게다가 조리가 있는 것은 비단옷의 아름다움이 그 가운데에 있다는 것이다. 소인은 이와 반대가 되니, 밖으로 폭로(노출)되지만 실질이 계속됨이 없어, 이 때문에 的然하되 날로 사라지는 것이다. 遠之近은 저기에서 드러나는 것이 여기에서 말미암음이요, 風之自는 밖으로 드러나는 것은 안에 근본을 두는 것이며, 微之顯은 안으로 가지고 있는 것은 밖으로 형태를 드러내게 되는 것이다. 자신을 위하는 마음(爲己之學)을 가지고 있으면서 다시 이 3가지를 안다면, 삼갈 바를 알아 가히 덕으로 들어갈 수 있게 된다. 그러므로 아랫글에 《詩》를 인용하여 謹獨의 일을 말한 것이다.

033-㈁

惡, 去聲.
○ 詩, 小雅正月之篇. 承上文言「莫見乎隱・莫顯乎微」也.
疚, 病也. 無惡於志, 猶言無愧於心, 此君子謹獨之事也.

惡는 去聲이다.
○《詩》는 小雅 正月篇이다. 윗글을 이어받아 "숨긴 것보다 잘 보이는 것이 없고, 미세한 것보다 顯明한 것이 없음"을 말한 것이다.
疚는 病이다. 無惡於志는 마음에 부끄러움이 없다고 말함과 같다. 이는 군자의 謹獨之事이다.

033-㈂

相, 去聲.
○ 詩, 大雅抑之篇. 相, 視也. 屋漏, 室西北隅也. 承上文又言「君子之戒謹恐懼, 無時不然, 不待言動而後敬信, 則其爲己之功, 益加密矣」. 故下文引詩并言其效.

相은 去聲이다.
○《詩》는 大雅 抑篇이다. 相은 視이다. 屋漏는 방의 서북쪽 귀퉁이이다. 윗글을 이어받아 다시 "군자의 戒謹과 恐懼는 어느 때이고 그렇지 않음이 없어,

言動을 기다린 후에야 敬信하는 것이 아니니, 그렇다면 자신을 위한 功夫이 더욱 加密한 것이다"라고 한 것이다. 그러므로 아랫글에 《詩》를 인용하고 아울러 그 效果를 말하고 있다.

033-㉣

假, 格同. 鈇, 音夫.
○ 詩, 商頌烈祖之篇. 奏, 進也. 承上文而遂及其效, 言「進而感格於神明之際, 極其誠敬, 無有言說而人自化之也」. 威, 畏也. 鈇, 莝斫刀也. 鉞, 斧也.

假는 格과 같다. 鈇는 음이 부(夫)이다.
○《詩》는 商頌 烈祖篇이다. 奏는 進이다. 윗글을 이어받아 드디어 그 효과에까지 언급하여 "나아가 신명에게 감격(感格)할 때에 그 誠敬을 극진히 함에 말이 없어도 사람들이 저절로 교화된다"라고 말한 것이다. 威는 畏이다. 鈇는 여물을 써는 작도(斫刀, 작두)이다. 鉞은 도끼이다.

033-㉤

詩, 周頌烈文之篇. 不顯, 說見二十六章, 此借引以爲幽深玄遠之意. 承上文言「天子有不顯之德, 而諸侯法之, 則其德愈深而效愈遠矣」. 篤, 厚也. 篤恭, 言不顯其敬也. 篤恭而天下平, 乃聖人至德淵微, 自然之應, 中庸之極功也.

《詩》는 周頌 烈文篇이다. 不顯은 26장의 해설을 보라. 여기서는 借引하여 幽深玄遠하다는 뜻으로 삼은 것이다. 윗글을 이어받아 "천자가 不顯之德을 가지고 있어 제후가 이를 법 받는다면 그 덕이 더욱 깊고, 그 효험은 더욱 원대할 것이다"라고 말한 것이다. 篤은 厚이다. 篤恭은 그 敬을 드러내지 않음을 말한다. 그 경을 드러내지 않음(篤恭)에도 천하가 평안한 것이 바로 성인의 至德淵微함이 자연스럽게 응함이니 中庸의 極功이다.

033-㉥

輶, 由·酉二音.
○ 詩, 大雅皇矣之篇. 引之以明上文所謂不顯之德者, 正以其不大聲與色也. 又引

孔子之言, 以爲聲色乃化民之末務, 今但言不大之而已, 則猶有聲色者存, 是未足以形容不顯之妙. 不若烝民之詩所言「德輶如毛」, 則庶乎可以形容矣, 而又自以爲謂之毛, 則猶有可比者, 是亦未盡其妙. 不若文王之詩所言「上天之事, 無聲無臭」, 然後乃爲不顯之至耳. 蓋聲臭有氣無形, 在物最爲微妙, 而猶曰無之, 故惟此可以形容不顯篤恭之妙. 非此德之外, 又別有是三等, 然後爲至也.

輶는 유(由), 유(酉) 두 가지 음이 있다.

○《詩》는 大雅 皇矣篇이다. 이를 인용하여 윗글에 말한 바 不顯之德이란 바로 그 목소리와 얼굴색을 크게 하지 않는다는 것임을 밝힌 것이다. 다시 孔子의 말을 인용하여 목소리(聲)와 얼굴빛(色)은 바로 化民에서 말엽적인 일로 여기지만, 지금은 단지 크게 문제삼지 않을 뿐이라고 말한 것이니, 그렇다면 오히려 聲, 色을 띠고 있는 경우라면 이는 아직도 不顯之妙를 충족히 형용하지 못한 것이다. 이에 烝民詩에 말한 바 "덕이란 오히려 털과 같이 가볍도다"라 한 것만 못하니 이렇게 표현해야 가히 그 형용에 가깝다고 할 수 있게 된다. 그리고 또 스스로 이를 털과 같다고 여겼으니 이것조차도 가히 비유할 만한 것이 있어, 이 역시 그 오묘함을 아직 다한 것은 아니다. 이에 文王詩에서 말한 바 "하늘이 하는 일, 소리도 없고, 냄새도 없네"라고 한 연후에야 不顯의 지극함이 되는 것이다. 대체로 소리와 냄새는 氣는 있으나 형태가 없어, 물건 중에 있어서 가장 미묘한 것인데도 오히려 이것이 없다 말하였으니, 그 때문에 오직 이것이 가히 不顯과 篤恭의 미묘함을 형용할 수 있는 것이다. 이러한 덕 외에 다시 따로 세 가지 차등이 있은 후에야 지극함이 된다는 것은 아니다.

右第三十三章. 子思引前章極致之言, 反求其本, 復自下學爲己謹獨之事, 推而言之, 以馴致乎篤恭而天下平之盛. 又贊其妙, 至於無聲無臭而後已焉. 蓋擧一篇之要而約言之, 其反復丁寧示人之意, 至深切矣, 學者其可不盡心乎!

이상은 제33장이다. 자사가 앞장의 극치지언極致之言을 인용하여 그 근본을 돌이켜 구한 것이며, 다시 스스로 하학下學함을 자신의 근독지사 謹獨之事로 삼아, 미루어 말하되 독경篤敬하여 천하가 태평해지는 풍성함을 순치馴致토록 한 것이다. 그리고 다시 그 오묘함을 찬술하여 무성무취 無聲無臭의 단계에 다다른 이후에야 그치는 것이다.

　대체로 이 한 편의를 요체要諦를 들어 약언約言한 것이니, 그 반복反復과 정녕丁寧하게 사람에게 보여 준 뜻이 지극히 심절深切하다. 배우는 자가 가히 마음을 극진히 하지 않을 수 있으랴!

종 양

부록

🦋 부록 Ⅰ

1. 《예기禮記》〈中庸〉篇 ·················· (十三經注疏本《禮記》제 31)
2. 《중용고본中庸古本》
3. 《현토중용懸吐中庸》

🦋 부록 Ⅱ

《중용》 원문

종용

부록 Ⅰ

1. 《예기禮記》〈中庸〉篇 ·················· (十三經注疏本 《禮記》 제 31)
2. 《중용고본中庸古本》
3. 《현토중용懸吐中庸》

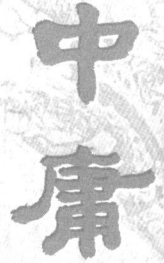

부록 I

1. 《예기禮記》〈中庸〉篇

(十三經注疏本《禮記》 제 31)

    天命之謂性, 率性之謂道, 修道之謂教. 道也者, 不可須臾離也; 可離, 非道也. 是故君子戒愼乎其所不睹, 恐懼乎其所不聞. 莫見乎隱, 莫顯乎微, 故君子愼其獨也.
    喜怒哀樂之未發, 謂之中; 發而皆中節, 謂之和. 中也者, 天下之大本也; 和也者, 天下之達道也. 致中和, 天地位焉, 萬物育焉.
    仲尼曰:「君子中庸, 小人反中庸. 君子之中庸也, 君子而時中; 小人之中庸也, 小人而無忌憚也.」
    子曰:「中庸其至矣乎! 民鮮能久矣!」子曰:「道之不行也, 我知之矣. 知者過之, 愚者不及也; 道之不明也, 我知之矣. 賢者過之, 不肖者不及也. 人莫不飮食也, 鮮能知味也.」子曰:「道其不行矣夫!」
    子曰:「舜其大知也與! 舜好問而好察邇言, 隱惡而揚善. 執其兩端, 用其中於民, 其斯以爲舜乎!」

子曰:「人皆曰『予知』, 驅而納諸罟擭陷阱之中, 而莫之知辟也. 人皆曰『予知』, 擇乎中庸, 而不能期月守也.」

子曰:「回之爲人也, 擇乎中庸, 得一善, 則拳拳服膺而弗失之矣.」

子曰:「天下國家可均也, 爵祿可辭也, 白刃可蹈也, 中庸不可能也.」

子路問强. 子曰:「南方之强與? 北方之强與? 抑而强與? 寬柔以教, 不報無道, 南方之强也, 君子居之; 衽金革, 死而不厭, 北方之强也, 而强者居之. 故君子和而不流, 强哉矯! 中立而不倚, 强哉矯! 國有道, 不變塞焉, 强哉矯! 國無道, 至死不變, 强哉矯!」

子曰:「素隱行怪, 後世有述焉, 吾弗爲之矣. 君子遵道而行, 半塗而廢, 吾弗能已矣. 君子依乎中庸, 遯世不見知而不悔, 唯聖者能之.」

君子之道費而隱. 夫婦之愚, 可以與知焉; 及其至也, 雖聖人亦有所不知焉; 夫婦之不肖, 可以能行焉; 及其至也, 雖聖人亦有所不能焉. 天地之大也, 人猶有所憾. 故君子語大, 天下莫能載焉; 語小, 天下莫能破焉. 詩云:「鳶飛戾天, 魚躍于淵.」言其上下察也. 君子之道, 造端乎夫婦, 及其至也, 察乎天地.

子曰:「道不遠人, 人之爲道而遠人, 不可以爲道. 詩云:『伐柯伐柯, 其則不遠.』執柯以伐柯, 睨而視之, 猶以爲遠. 故君子以人治人, 改而止. 忠恕違道不遠, 施諸己而不願, 亦勿施於人. 君子之道四, 丘未能一焉: 所求乎子以事父, 未能也; 所求乎臣以事君, 未能也; 所求乎弟以事兄, 未能也; 所求乎朋友先施之, 未能也. 庸德之行, 庸言之謹, 有所不足, 不敢不勉, 有餘不敢盡; 言顧行, 行顧言, 君子胡不慥慥爾? 君子素其位而行, 不願乎其外. 素富貴, 行乎富貴; 素貧賤, 行乎貧賤; 素夷狄, 行乎夷狄; 素患難, 行乎患難; 君子無入而不自得焉. 在上位不陵下, 在下位不援上, 正己而不求於人, 則無怨. 上不怨天, 下不尤人. 故君子居易以俟命, 小人行險以徼幸.」

子曰:「射有似乎君子; 失諸正鵠, 反求諸其身. 君子之道, 辟如行遠必自邇, 辟如登高必自卑. 詩曰:『妻子好合, 如鼓瑟琴; 兄弟旣翕, 和樂且耽;

宜爾室家, 樂爾妻帑.』」子曰:「父母其順矣乎!」

子曰:「鬼神之爲德, 其盛矣乎! 視之而弗見, 聽之而弗聞, 體物而不可遺. 使天下之人, 齊明盛服, 以承祭祀. 洋洋乎! 如在其上, 如在其左右. 詩曰:『神之格思, 不可度思! 矧可射思!』夫微之顯, 誠之不可揜如此夫!」

子曰:「舜其大孝也與! 德爲聖人, 尊爲天子, 富有四海之內. 宗廟饗之, 子孫保之. 故大德必得其位, 必得其祿, 必得其名, 必得其壽. 故天之生物, 必因其材而篤焉. 故栽者培之, 傾者覆之. 詩曰:『嘉樂君子, 憲憲令德! 宜民宜人, 受祿于天. 保佑命之, 自天申之!』故大德者 必受命.」

子曰:「無憂者其惟文王乎! 以王季爲父, 以武王爲子, 父作之, 子述之. 武王纘大王・王季・文王之緒. 壹戎衣而有天下, 身不失天下之顯名. 尊爲天子, 富有四海之內, 宗廟饗之, 子孫保之. 武王末受命, 周公成文武之德, 追王大王・王季, 上祀先公以天子之禮. 斯禮也, 達乎諸侯大夫, 及士庶人. 父爲大夫, 子爲士; 葬以大夫, 祭以士. 父爲士, 子爲大夫; 葬以士, 祭以大夫. 期之喪, 達乎大夫; 三年之喪, 達乎天子; 父母之喪, 無貴賤一也.」

子曰:「武王・周公, 其達孝矣乎! 夫孝者: 善繼人之志, 善述人之事者也. 春秋脩其祖廟, 陳其宗器, 設其裳衣, 薦其時食. 宗廟之禮, 所以序昭穆也; 序爵, 所以辨貴賤也; 序事, 所以辨賢也; 旅酬下爲上, 所以逮賤也; 燕毛, 所以序齒也. 踐其位, 行其禮, 奏其樂, 敬其所尊, 愛其所親, 事死如事生, 事亡如事存, 孝之至也. 郊社之禮, 所以事上帝也; 宗廟之禮, 所以祀乎其先也. 明乎郊社之禮. 禘嘗之義, 治國其如示諸掌乎!」

哀公問政. 子曰:「文武之政, 布在方策. 其人存, 則其政舉; 其人亡, 則其政息. 人道敏政, 地道敏樹. 夫政也者, 蒲盧也. 故爲政在人, 取人以身, 脩身以道, 脩道以仁. 仁者, 人也, 親親爲大; 義者, 宜也, 尊賢爲大; 親親之殺, 尊賢之等, 禮所生也. 在下位不獲乎上, 民不可得而治矣! 故君子不可以不脩身; 思脩身, 不可以不事親; 思事親, 不可以不知人; 思知人, 不可以不知天. 天下之達道五, 所以行之者三: 曰君臣也, 父子也, 夫婦也, 昆弟也, 朋友之交也: 五者天下之達道也. 知・仁・勇三者, 天下之達德也, 所以行

之者一也. 或生而知之, 或學而知之, 或困而知之, 及其知之, 一也. 或安而行之, 或利而行之, 或勉强而行之, 及其成功, 一也.」

子曰:「好學近乎知, 力行近乎仁, 知恥近乎勇. 知斯三者, 則知所以脩身; 知所以脩身, 則知所以治人; 知所以治人, 則知所以治天下國家矣. 凡爲天下國家有九經, 曰: 脩身也, 尊賢也, 親親也, 敬大臣也, 體群臣也, 子庶民也, 來百工也, 柔遠人也, 懷諸侯也. 脩身則道立, 尊賢則不惑, 親親則諸父昆弟不怨, 敬大臣則不眩, 體群臣則士之報禮重, 子庶民則百姓勸, 來百工則財用足, 柔遠人則四方歸之, 懷諸侯則天下畏之. 齊明盛服, 非禮不動, 所以脩身也; 去讒遠色, 賤貨而貴德, 所以勸賢也; 尊其位, 重其祿, 同其好惡, 所以勸親親也; 官盛任使, 所以勸大臣也; 忠信重祿, 所以勸士也; 時使薄斂, 所以勸百姓也; 日省月試, 既稟稱事, 所以勸百工也; 送往迎來, 嘉善而矜不能, 所以柔遠人也; 繼絕世, 舉廢國, 治亂持危, 朝聘以時, 厚往而薄來, 所以懷諸侯也. 凡爲天下國家有九經, 所以行之者, 一也. 凡事豫則立, 不豫則廢. 言前定則不跲, 事前定則不困, 行前定則不疚, 道前定則不窮. 在下位不獲乎上, 民不可得而治矣; 獲乎上有道: 不信乎朋友, 不獲乎上矣; 信乎朋友有道: 不順乎親, 不信乎朋友矣; 順乎親有道: 反諸身不誠, 不順乎親矣; 誠身有道: 不明乎善, 不誠乎身矣. 誠者, 天之道也; 誠之者, 人之道也. 誠者, 不勉而中, 不思而得, 從容中道, 聖人也; 誠之者, 擇善而固執之者也. 博學之, 審問之, 愼思之, 明辨之, 篤行之. 有弗學, 學之弗能弗措也; 有弗問, 問之弗知弗措也; 有弗思, 思之弗得弗措也; 有弗辨, 辨之弗明弗措也; 有弗行, 行之弗篤弗措也; 人一能之, 己百之; 人十能之, 己千之. 果能此道矣, 雖愚必明, 雖柔必强.」

自誠明, 謂之性; 自明誠, 謂之教. 誠則明矣, 明則誠矣. 惟天下至誠, 爲能盡其性; 能盡其性, 則能盡人之性; 能盡人之性, 則能盡物之性; 能盡物之性, 則可以贊天地之化育; 可以贊天地之化育, 則可以與天地參矣. 其次致曲, 曲能有誠. 誠則形, 形則著, 著則明, 明則動, 動則變, 變則化, 唯天下至誠爲能化. 至誠之道, 可以前知. 國家將興, 必有禎祥; 國家將亡,

必有妖孽; 見乎蓍龜, 動乎四體. 禍福將至: 善, 必先知之; 不善, 必先知之. 故至誠如神. 誠者, 自成也; 而道, 自道也. 誠者, 物之終始; 不誠無物. 是故君子誠之爲貴. 誠者, 非自成己而已也, 所以成物也. 成己, 仁也; 成物, 知也. 性之德也, 合外內之道也. 故時措之宜也. 故至誠無息. 不息則久, 久則徵, 徵則悠遠, 悠遠則博厚, 博厚則高明. 博厚, 所以載物也; 高明, 所以覆物也; 悠久, 所以成物也. 博厚配地, 高明配天, 悠久無疆. 如此者, 不見而章, 不動而變, 無爲而成. 天地之道, 可一言而盡也:『其爲物不貳, 則其生物不測.』天地之道: 博也, 厚也, 高也, 明也, 悠也, 久也. 今夫天, 斯昭昭之多, 及其無窮也, 日月星辰繫焉, 萬物覆焉. 今夫地, 一撮土之多, 及其廣厚, 載華嶽而不重, 振河海而不洩, 萬物載焉. 今夫山, 一卷石之多, 及其廣大, 草木生之, 禽獸居之, 寶藏興焉. 今夫水, 一勺之多, 及其不測, 黿鼉·蛟龍·魚鱉生焉, 貨財殖焉.

　　詩云:『維天之命, 於穆不已!』蓋曰天之所以爲天也.『於乎不顯, 文王之德之純!』蓋曰文王之所以爲文也, 純亦不已. 大哉! 聖人之道! 洋洋乎, 發育萬物, 峻極於天. 優優大哉! 禮儀三百, 威儀三千, 待其人而後行. 故曰:『苟不至德, 至道不凝焉.』

　　故君子尊德性而道問學, 致廣大而盡精微, 極高明而道中庸. 溫故而知新, 敦厚以崇禮. 是故居上不驕, 爲下不倍. 國有道, 其言足以興; 國無道, 其默足以容. 詩曰:『旣明且哲, 以保其身.』其此之謂與?

　　子曰:「愚而好自用, 賤而好自專, 生乎今之世, 反古之道. 如此者, 栽及其身者也.」

　　非天子, 不議禮, 不制度, 不考文. 今天下車同軌, 書同文, 行同倫. 雖有其位, 苟無其德, 不敢作禮樂焉; 雖有其德, 苟無其位, 亦不敢作禮樂焉.

　　子曰:「吾說夏禮, 杞不足徵也; 吾學殷禮, 有宋存焉; 吾學周禮, 今用之, 吾從周. 王天下有三重焉, 其寡過矣乎! 上焉者, 雖善無徵, 無徵不信, 不信民弗從; 下焉者, 雖善不尊, 不尊不信, 不信民弗從. 故君子之道: 本諸身, 徵諸庶民, 考諸三王而不繆, 建諸天地而不悖, 質諸鬼神而無疑, 百世以俟

聖人而不惑. 質諸鬼神而無疑, 知天也; 百世以俟聖人而不惑, 知人也. 是故君子動而世爲天下道, 行而世爲天下法, 言而世爲天下則; 遠之則有望, 近之則不厭. 詩曰:『在彼無惡, 在此無射; 庶幾夙夜, 以永終譽!』君子未有不如此而蚤有譽於天下者也.」

　仲尼祖述堯舜, 憲章文武; 上律天時, 下襲水土; 辟如天地之無不持載, 無不覆幬; 辟如四時之錯行, 如日月之代明. 萬物並育而不相害, 道並行而不相悖, 小德川流, 大德敦化, 此天地之所以爲大也. 唯天下至聖, 爲能聰明睿知, 足以有臨也; 寬裕溫柔, 足以有容也; 發強剛毅, 足以有執也; 齊莊中正, 足以有敬也; 文理密察, 足以有別也. 溥博淵泉, 而時出之. 溥博如天, 淵泉如淵. 見而民莫不敬, 言而民莫不信, 行而民莫不說. 是以聲名洋溢乎中國, 施及蠻貊; 舟車所至, 人力所通; 天之所覆, 地之所載, 日月所照, 霜露所隊; 凡有血氣者, 莫不尊親, 故曰配天.

　唯天下至誠, 爲能經綸天下之大經, 立天下之大本, 知天地之化育. 夫焉有所倚? 肫肫其仁! 淵淵其淵! 浩浩其天! 苟不固聰明聖知達天德者, 其孰能知之? 詩曰:『衣錦尚絅.』惡其文之著也. 故君子之道, 闇然而日章; 小人之道, 的然而日亡. 君子之道: 淡而不厭, 簡而文, 溫而理, 知遠之近, 知風之自, 知微之顯, 可與入德矣. 詩云:『潛雖伏矣, 亦孔之昭!』故君子內省不疚, 無惡於志. 君子之所不可及者, 其唯人之所不見乎! 詩云:『相在爾室, 尚不愧于屋漏.』故君子不動而敬, 不言而信. 詩曰:『奏假無言, 時靡有爭.』是故君子不賞而民勸, 不怒而民威於鈇鉞. 詩曰:『不顯惟德! 百辟其刑之.』是故君子篤恭而天下平. 詩云:『予懷明德, 不大聲以色.』子曰:「聲色之於以化民, 末也.」詩云:『德輶如毛.』毛猶有倫. 『上天之載, 無聲無臭.』至矣!

2. 《중용고본中庸古本》

廣東出版社本(1973, 臺北)에 근거함.

    天命之謂性, 率性之謂道, 脩道之謂教. 道也者, 不可須臾離也. 可離, 非道也. 是故君子戒愼乎其所不睹, 恐懼乎其所不聞. 莫見乎隱, 莫顯乎微, 故君子愼其獨也. 喜怒哀樂之未發, 謂之中. 發而皆中節, 謂之和. 中也者, 天下之大本也. 和也者, 天下之達道也. 致中和, 天地位焉, 萬物育焉.

    仲尼曰:「君子中庸, 小人反中庸. 君子之中庸也, 君子而時中. 小人之中庸也, 小人而無忌憚也.」

    子曰:「中庸其至矣乎! 民鮮能久矣.」

    子曰:「道之不行也, 我知之矣, 知者過之, 愚者不及也. 道之不明也, 我知之矣, 賢者過之, 不肖者不及也. 人莫不飮食也, 鮮能知味也.」

    子曰:「道其不行矣夫!」

    子曰:「舜其大知也與! 舜好問而好察邇言, 隱惡而揚善, 執其兩端, 用其

中於民, 其斯以爲舜乎!」

子曰:「人皆曰『予知』, 驅而納諸罟擭陷阱之中而莫之知辟也; 人皆曰『予知』, 擇乎中庸而不能期月守也.」

子曰:「回之爲人也, 擇乎中庸, 得一善則拳拳服膺而弗失之矣.」

子曰:「天下國家可均也, 爵祿可辭也, 白刃可蹈也, 中庸不可能也.」

子路問强. 子曰:「南方之强與? 北方之强與? 抑而强與? 寬柔以敎, 不報無道, 南方之强也, 君子居之. 衽金革, 死而不厭, 北方之强也, 而强者居之. 故君子和而不流, 强哉矯! 中立而不倚, 强哉矯! 國有道, 不變塞焉, 强哉矯! 國無道, 至死不變, 强哉矯!」

子曰:「素隱行怪, 後世有述焉, 吾弗爲之矣. 君子遵道而行, 半途而廢, 吾弗能已矣. 君子依乎中庸, 遯世不見知而不悔, 唯聖者能之.」

君子之道, 費而隱. 夫婦之愚, 可以與知焉; 及其至也, 雖聖人亦有所不知焉. 夫婦之不肖, 可以能行焉; 及其至也, 雖聖人亦有所不能焉. 天地之大也, 人猶有所憾. 故君子語大, 天下莫能載焉; 語小, 天下莫能破焉. 詩云:「鳶飛戾天, 魚躍于淵.」言其上下察也. 君子之道, 造端乎夫婦; 及其至也, 察乎天地.

子曰:「道不遠人, 人之爲道而遠人, 不可以爲道. 詩云:『伐柯伐柯, 其則不遠.』執柯以伐柯, 睨而視之, 猶以爲遠. 故君子以人治人, 改而止. 忠恕違道不遠, 施諸己而不願, 亦勿施於人. 君子之道四, 丘未能一焉: 所求乎子以事父, 未能也; 所求乎臣以事君, 未能也; 所求乎弟以事兄, 未能也; 所求乎朋友先施之, 未能也. 庸德之行, 庸言之謹, 有所不足, 不敢不勉; 有餘, 不敢盡. 言顧行, 行顧言, 君子胡不慥慥爾!」

君子素其位而行, 不願乎其外. 素富貴, 行乎富貴; 素貧賤, 行乎貧賤; 素夷狄, 行乎夷狄; 素患難, 行乎患難. 君子無入而不自得焉. 在上位, 不陵下; 在下位, 不援上. 正己而不求於人, 則無怨. 上不怨天, 下不尤人. 故君子居易以俟命, 小人行險以徼幸. 子曰:「射有似乎君子, 失諸正鵠, 反求諸其身.」

君子之道，辟如行遠，必自邇；辟如登高，必自卑．詩曰：「妻子好合，如鼓瑟琴．兄弟既翕，和樂且耽．宜爾室家，樂爾妻帑．」子曰：「父母其順矣乎！」

子曰：「鬼神之爲德，其盛矣乎！視之而弗見，聽之而弗聞，體物而不可遺．使天下之人，齊明盛服，以承祭祀，洋洋乎如在其上，如在其左右．詩曰：『神之格思，不可度思，矧可射思！』夫微之顯，誠之不可揜如此夫！」

子曰：「舜其大孝也與！德爲聖人，尊爲天子，富有四海之內，宗廟饗之，子孫保之．故大德必得其位，必得其祿，必得其名，必得其壽．故天之生物，必因其材而篤焉，故栽者培之，傾者覆之．詩曰：『嘉樂君子，憲憲令德．宜民宜人，受祿于天．保佑命之，自天申之．』故大德者必受命．」

子曰：「無憂者，其惟文王乎！以王季爲父，以武王爲子，父作之，子述之．武王纘大王王季文王之緒，壹戎衣而有天下，身不失天下之顯名．尊爲天子，富有四海之內，宗廟饗之，子孫保之．武王末受命，周公成文武之德，追王大王王季，上祀先公以天子之禮．斯禮也，達乎諸侯大夫，及士庶人．父爲大夫，子爲士，葬以大夫，祭以士；父爲士，子爲大夫，葬以士，祭以大夫．期之喪，達乎大夫．三年之喪，達乎天子．父母之喪，無貴賤一也．」

子曰：「武王周公，其達孝矣乎！夫孝者，善繼人之志，善述人事者也．春秋脩其祖廟，陳其宗器，設其裳衣，薦其時食．宗廟之禮，所以序昭穆也．序爵，所以辨貴賤也．序事，所以辨賢也．旅酬下爲上，所以逮賤也．燕毛，所以序齒也．踐其位，行其禮，奏其樂，敬其所尊，愛其所親，事死如事生，事亡如事存，孝之至也．郊使之禮，所以事上帝也．宗廟之禮，所以祀乎其先也．明乎郊使之禮，禘嘗之義，治國 其如示諸掌乎！」

哀公問政．子曰：「文武之政，布在方策．其人存，則其政舉；其人亡，則其政息．人道敏政，地道敏樹．夫政也者，蒲盧也．故爲政在人，取人以身，脩身以道，脩道以仁．仁者人也，親親爲大．義者宜也，尊賢爲大．親親之殺，尊賢之等，禮所生也．在下位不獲乎上，民不可得而治矣．故君子

不可以不脩身. 思脩身, 不可以不事親. 思事親, 不可以不知人. 思知人, 不可以不知天. 天下之達道五: 所以行之者三: 曰: 君臣也, 父子也, 夫婦也, 昆弟也, 朋友之交也. 五者, 天下之達道也. 知仁勇三者, 天下之達德也, 所以行之者一也. 或生而知之, 或學而知之, 或困而知之. 及其知之, 一也. 或安而行之, 或利而行之, 或勉强而行之. 及其成功, 一也.」子曰:「好學近乎知, 力行近乎仁, 知恥近乎勇. 知斯三者, 則知所以脩身; 知所以脩身, 則知所以治人; 知所以治人, 則知所以治天下國家矣. 凡爲天下國家有九經: 曰: 脩身也, 尊賢也, 親親也, 敬大臣也, 體羣臣也, 子庶民也, 來百工也, 柔遠人也, 懷諸侯也. 脩身則道立, 尊賢則不惑, 親親則諸父昆弟不怨, 敬大臣則不眩, 體羣臣則士之報禮重, 子庶民則百姓勸, 來百工則財用足, 柔遠人則四方歸之, 懷諸侯則天下畏之. 齊明盛服, 非禮不動, 所以脩身也. 去讒遠色, 賤貨而貴德, 所以勸賢也. 尊其位, 重其祿, 同其好惡, 所以勸親親也. 官盛任使, 所以勸大臣也. 忠信重祿, 所以勸士也. 時使薄斂, 所以勸百姓也. 日省月試, 既廩稱事, 所以勸百工也. 送往迎來, 嘉善而矜不能, 所以柔遠人也. 繼絕世, 舉廢國, 治亂持危, 朝聘以時, 厚往而薄來, 所以懷諸侯也. 凡爲天下國家有九經, 所以行之者, 一也. 凡事 豫則立, 不豫則廢. 言前定則不跲, 事前定則不困, 行前定則不疚, 道前定則不窮. 在下位不獲乎上, 民不可得而治矣. 獲乎上有道, 不信乎朋友, 不獲乎上矣. 信乎朋友有道, 不順乎親, 不信乎朋友矣. 順乎親有道, 反諸身不誠, 不順乎親矣. 誠身有道, 不明乎善, 不誠乎身矣. 誠者, 天之道也. 誠之者, 人之道也. 誠者, 不勉而中, 不思而得, 從容中道, 聖人也. 誠之者, 擇善而固執之者也. 博學之, 審問之, 愼思之, 明辨之, 篤行之. 有弗學, 學之弗能, 弗措也. 有弗問, 問之弗知, 弗措也. 有弗思, 思之弗得, 弗措也. 有弗辨, 辨之弗明, 弗措也. 有弗行, 行之弗篤, 弗措也. 人一能之, 己百之. 人十能之, 己千之. 果能此道矣, 雖愚必明, 雖柔必强.」

自誠明, 謂之性. 自明誠, 謂之教. 誠則明矣, 明則誠矣.

唯天下至誠, 爲能盡其性; 能盡其性, 則能盡人之性; 能盡人之性, 則能

盡物之性; 能盡物之性, 則可以贊天地之化育; 可以贊天地之化育, 則可以與天地參矣.

其次致曲, 曲能有誠, 誠則形, 形則著, 著則明, 明則動, 動則變, 變則化. 唯天下至誠爲能化.

至誠之道, 可以前知: 國家將興, 必有禎祥; 國家將亡, 必有妖孼. 見乎蓍龜, 動乎四體. 禍福將至, 善, 必先知之; 不善, 必先知之. 故至誠如神.

誠者, 自成也. 而道, 自道也. 誠者, 物之終始; 不誠, 無物. 是故君子誠之爲貴. 誠者, 非自成己而已也, 所以成物也. 成己, 仁也; 成物, 知也, 性之德也, 合外內之道也, 故時措之宜也.

故至誠無息, 不息則久, 久則徵, 徵則悠遠, 悠遠則博厚, 博厚則高明. 博厚, 所以載物也; 高明, 所以覆物也; 悠久, 所以成物也. 博厚配地, 高明配天, 悠久無疆. 如此者, 不見而章, 不動而變, 無爲而成. 天地之道, 可壹言而盡也. 其爲物不貳, 則其生物不測. 天地之道, 博也, 厚也, 高也, 明也, 悠也, 久也. 今夫天, 斯昭昭之多, 及其無窮也, 日月星辰繫焉, 萬物覆焉. 今夫地, 一撮土之多, 及其廣厚, 載華嶽而不重, 振河海而不洩, 萬物載焉. 今夫山, 一卷石之多, 及其廣大, 草木生之, 禽獸居之, 寶藏興焉. 今夫水, 一勺之多, 及其不測. 黿鼉蛟龍魚鼈生焉, 貨財殖焉. 詩云:「惟天之命, 於穆不已.」蓋曰: 天之所以爲天也.「於乎不顯, 文王之德之純.」蓋曰: 文王之所以爲文也. 純亦不已.

大哉聖人之道, 洋洋乎發育萬物, 峻極于天. 優優大哉, 禮儀三百, 威儀三千, 待其人然後行. 故曰: 苟不至德, 至道不凝焉. 故君子尊德性而道問學, 致廣大而盡精微, 極高明而道中庸, 溫故而知新, 敦厚以崇禮. 是故居上不驕, 爲下不倍. 國有道, 其言足以興; 國無道, 其默足以容. 詩曰:「旣明且哲, 以保其身.」其此之謂與!

子曰:「愚而好自用, 賤而好自專; 生乎今之世, 反古之道; 如此者, 烖及其身者也. 非天子, 不議禮, 不制度, 不考文. 今天下車同軌, 書同文, 行同倫. 雖有其位, 苟無其德, 不敢作禮樂焉; 雖有其德, 苟無其位, 亦不敢作禮樂焉.」

子曰:「吾說夏禮, 杞不足徵也. 吾學殷禮, 有宋存焉. 吾學周禮, 今用之, 吾從周.」

王天下有三重焉, 其寡過矣乎! 上焉者, 雖善無徵, 無徵不信, 不信民弗從. 下焉者, 雖善不尊, 不尊不信, 不信民弗從. 故君子之道, 本諸身, 徵諸庶民, 考諸三王而不繆, 建諸天地而不悖, 質諸鬼神而無疑, 百世以俟聖人而不惑. 質諸鬼神而無疑, 知天也. 百世以俟聖人而不惑, 知人也. 是故君子動而世爲天下道, 行而世爲天下法, 言而世爲天下則, 遠之則有望, 近之則不厭. 詩曰:「在彼無惡, 在此無射. 庶幾夙夜, 以永終譽.」君子未有不如此而蚤有譽於天下者也.

仲尼祖述堯舜, 憲章文武, 上律天時, 下襲水土, 辟如天地之無不持載, 無不覆幬; 辟如四時之錯行, 如日月之代明. 萬物並育而不相害, 道並行而不相悖. 小德川流, 大德敦化, 此天地之所以爲大也.

唯天下至聖, 爲能聰明睿知, 足以有臨也; 寬裕溫柔, 足以有容也; 發强剛毅, 足以有執也; 齊莊中正, 足以有敬也; 文理密察, 足以有別也. 溥博淵泉, 而時出也. 溥博如天, 淵泉如淵. 見而民莫不敬, 言而民莫不信, 行而民莫不說, 是以聲名洋溢乎中國, 施及蠻貊, 舟車所至, 人力所通, 天之所覆, 地之所載, 日月所照, 霜露所隊, 凡有血氣者, 莫不尊親, 故曰配天.

唯天下至誠, 爲能經綸天下之大經, 立天下之大本, 知天地之化育, 夫焉有所倚? 肫肫其仁, 淵淵其淵, 浩浩其天. 苟不固聰明聖知達天德者, 其孰能知之?

詩曰:「衣錦尚絅.」惡其文之著也. 故君子之道, 闇然而日章. 小人之道, 的然而日亡. 君子之道, 淡而不厭, 簡而文, 溫而理, 知遠之近, 知風之自, 知微之顯, 可與入德矣. 詩云:「潛雖伏矣, 亦孔之昭.」故君子內省不疚, 無惡於志. 君子之所不可及者, 其唯人之所不見乎! 詩云:「相在爾室, 尚不愧于屋漏.」故君子不動而敬, 不言而信. 詩曰:「奏假無言, 時靡有爭.」是故君子不賞而民勸, 不怒而民威於鈇鉞. 詩曰:「不顯惟德, 百辟其刑之.」

是故君子篤恭而天下平. 詩曰:「予懷明德, 不大聲以色.」子曰:「聲色之於以化民, 末也.」詩曰:「德輶如毛.」毛猶有倫,「上天之載, 無聲無臭」, 至矣!

3. 《현토중용懸吐中庸》

〈1〉第 一 章

　天命之謂性이오 率性之謂道요 脩道之謂敎니라 道也者는 不可須臾離也니 可離면 非道也라 是故로 君子는 戒愼乎其所不睹하며 恐懼乎其所不聞이니라 莫見乎隱이며 莫顯乎微니 故로 君子는 愼其獨也니라 喜怒哀樂之未發은 謂之中이오 發而皆中節은 謂之和니 中也者는 天下之大本也요 和也者는 天下之達道也니라 致中和면 天地位焉하며 萬物이 育焉이니라

〈2〉第 二 章

　仲尼曰 君子는 中庸이오 小人은 反中庸이니라 君子之中庸也는 君子而

時中이오 小人之中庸也는 小人而無忌憚也니라

〈3〉第 三 章

子曰 中庸은 其至矣乎인저 民鮮能이 久矣니라

〈4〉第 四 章

子曰 道之不行也를 我知之矣로라 知者는 過之하고 愚者는 不及也니라 道之不明也를 我知之矣로라 賢者는 過之하고 不肖者는 不及也니라 人莫不飮食也언마는 鮮能知味也이니라

〈5〉第 五 章

子曰 道其不行矣인저

〈6〉第 六 章

子曰 舜은 其大知也與신저 舜이 好問而好察邇言하사대 隱惡而揚善하시며 執其兩端하사 用其中於民하시니 其斯以爲舜乎신저

〈7〉第 七 章

子曰 人皆曰 予知로되 驅而納諸罟獲陷阱之中而莫之知辟也하며 人皆曰 予知로되 擇乎中庸而不能期月守也니라

〈8〉第 八 章

子曰 回之爲人也는 擇乎中庸하여 得一善則拳拳服膺而弗失之矣니라

〈9〉第 九 章

子曰 天下國家도 可均也며 爵祿도 可辭也며 白刃도 可蹈也로되 中庸은 不可能也니라

〈10〉第 十 章

子路 問強한대 子 曰 南方之強與아 北方之強與아 抑而強與아 寬柔以敎요 不報無道는 南方之強也니 君子 居之니라 衽金革하여 死而不厭은 北方之強也니 而强者 居之니라 故로 君子는 和而不流하나니 強哉矯여 中立而不倚하나니 強哉矯여 國有道에 不變塞焉하나니 強哉矯여 國無道에 至死不變하나니 強哉矯여

〈11〉第 十一 章

子曰 素隱行怪를 後世에 有述焉하나니 吾弗爲之矣로라 君子 遵道而行하다가 半途而廢하나니 吾弗能已矣로다 君子는 依乎中庸하여 遯世不見知而不悔하나니 唯聖者아 能之니라

〈12〉第 十二 章

君子之道는 費而隱이니라 夫婦之愚로도 可以與知焉이로되 及其至也

하여는 雖聖人이라도 亦有所不知焉하며 夫婦之不肖로도 可以能行焉이
로되 及其至也하여는 雖聖人이라도 亦有所不能焉하며 天地之大也에도
人猶有所憾이니 故로 君子 語大인댄 天下 莫能載焉이오 語小인댄 天下
莫能破焉이니라 詩에 云 鳶飛戾天이어늘 魚躍于淵이라하니 言其上下察
也니라 君子之道는 造端乎夫婦하나니 及其至也하여는 察乎天地니라

〈13〉 第 十三 章

子曰 道不遠人하니 人之爲道而遠人이면 不可以爲道니라 詩에 云 伐柯
伐柯에 其則不遠이라하니 執柯以伐柯하되 睨而視之하고 猶以爲遠하나
니 故로 君子는 以人治人하다가 改而止니라 忠恕違道不遠하니 施諸己而
不願을 亦勿施於人이니 君子之道 四에 丘未能一焉이로니 所求乎子로
以事父를 未能也하며 所求乎臣으로 以事君을 未能也하며 所求乎弟로
以事兄을 未能也하며 所求乎朋友로 先施之를 未能也로니 庸德之行하며
庸言之謹하여 有所不足이어든 不敢不勉하며 有餘어든 不敢盡하여 言顧
行하며 行顧言이니 君子 胡不慥慥爾리오

〈14〉 第 十四 章

君子는 素其位而行이오 不願乎其外니라 素富貴하얀 行乎富貴하며
素貧賤하얀 行乎貧賤하며 素夷狄하얀 行乎夷狄하며 素患難하얀 行乎患難
이니 君子는 無入而不自得焉이니라 在上位하여 不陵下하며 在下位하여
不援上이오 正己而不求於人이면 則無怨이니 上不怨天하며 下不尤人
이니라 故로 君子는 居易以俟命하고 小人은 行險以徼幸이니라 子 曰
射有似乎君子하니 失諸正鵠이오 反求諸其身이니라

〈15〉第 十五 章

君子之道는 辟如行遠必自邇하며 辟如登高必自卑니라 詩에 曰 妻子好合이 如鼓瑟琴하며 兄弟旣翕하여 和樂且耽이라 宜爾室家하며 樂爾妻帑라하여늘 子 曰 父母는 其順矣乎신저

〈16〉第 十六 章

子曰 鬼神之爲德이 其盛矣乎인저 視之而弗見하며 聽之而弗聞이로되 體物而不可遺니라 使天下之人으로 齊明盛服하여 以承祭祀하고 洋洋乎如在其上하며 如在其左右니라 詩에 曰 神之格思를 不可度思는 矧可射思아 夫微之顯이니 誠之不可揜이 如此夫인저

〈17〉第 十七 章

子曰 舜은 其大孝也與신저 德爲聖人이시고 尊爲天子시고 富有四海之內하사 宗廟饗之하시며 子孫保之하시니라 故로 大德은 必得其位하며 必得其祿하며 必得其名하며 必得其壽니라 故로 天之生物이 必因其材而篤焉하나니 故로 栽者를 培之하고 傾者를 覆之니라 詩에 曰 嘉樂君子의 憲憲令德이 宜民宜人이라 受祿于天이어늘 保佑命之하시고 自天申之라 하니라 故로 大德者는 必受命이니라

〈18〉第 十八 章

子曰 無憂者는 其惟文王乎인저 以王季爲父하시고 以武王爲子하시니 父 作之어시늘 子 述之하시니라 武王이 纘大王王季文王之緖하사 壹戎衣

而有天下하사대 身不失天下之顯名하사 尊爲天子하시며 富有四海之內하사 宗廟饗之하시며 子孫保之하시니라 武王이 末受命이어시늘 周公이 成文武之德하사 追王大王王季하시고 上祀先公以天子之禮하시니 斯禮也로 達乎諸侯大夫及士庶人하니 父爲大夫오 子爲士이든 葬以大夫오 祭以士하며 父爲士오 子爲大夫어든 葬以士오 祭以大夫하며 期之喪은 達乎大夫하고 三年之喪은 達乎天子하니 父母之喪은 無貴賤一也니라

〈19〉第 十九 章

子曰 武王周公은 其達孝矣乎신저 夫孝者 善繼人之志하고 善述人之事者也이니라 春秋에 脩其祖廟하며 陳其宗器하며 設其裳衣하며 薦其時食이니라 宗廟之禮는 所以序昭穆也오 序爵은 所以辨貴賤也오 序事는 所以辨賢也오 旅酬에 下爲上은 所以逮賤也오 燕毛는 所以序齒也니라 踐其位하여 行其禮하며 奏其樂하며 敬其所尊하며 愛其所親하며 事死如事生하며 事亡如事存이 孝之至也니라 郊社之禮는 所以事上帝也오 宗廟之禮는 所以祀乎其先也니 明乎郊社之禮와 禘嘗之義면 治國은 其如示諸掌乎인저

〈20〉第 二十 章

哀公이 問政한대 子曰 文武之政이 布在方策하니 其人이 存則其政이 擧하고 其人이 亡則其政이 息이니라 人道는 敏政하고 地道는 敏樹하니 夫政也者는 蒲盧也니라 故로 爲政이 在人하니 取人以身이오 脩身以道오 脩道以仁이니라 仁者는 人也니 親親이 爲大하고 義者는 宜也니 尊賢이 爲大하니 親親之殺와 尊賢之等이 禮所生也니라 在下位하여 不獲乎上이면 民不可得而治矣리라 故로 君子不可以不脩身이니 思脩身

인댄 不可以不事親이오 思事親인댄 不可以不知人이오 思知人인댄 不可以不知天이니라 天下之達道 五에 所以行之者는 三이니 曰 君臣也요 父子也요 夫婦也요 昆弟也요 朋友之交也이니라 五者는 天下之達道也오 知仁勇三者는 天下之達德也니 所以行之者는 一也니라 或生而知之하며 或學而知之하여 或困而知之하나니 及其知之하여는 一也니라 或安而行之하며 或利而行之하며 或勉强而行之하나니 及其成功하여는 一也니라 子 曰 好學은 近乎知하고 力行은 近乎仁하고 知恥는 近乎勇이니라 知斯三者則知所以脩身이오 知所以脩身則知所以治人이오 知所以治人則知所以治天下國家矣리라 凡爲天下國家 有九經하니 曰 脩身也와 尊賢也와 親親也와 敬大臣也와 體群臣也와 子庶民也와 來百工也와 柔遠人也와 懷諸侯也니라 脩身則道立하고 尊賢則不惑하고 親親則諸父昆弟 不怨하고 敬大臣則不眩하고 體群臣則士之報禮 重하고 子庶民則百姓이 勸하고 來百工則財用이 足하고 柔遠人則四方이 歸之하고 懷諸侯則天下 畏之니라 齊明盛服하여 非禮不動은 所以脩身也오 去讒遠色하며 賤貨而貴德은 所以勸賢也이오 尊其位하며 重其祿하며 同其好惡는 所以勸親親也오 官盛任使는 所以勸大臣也오 忠信重祿은 所以勸士也오 時使薄斂은 所以勸百姓也오 日省月試하여 旣廩稱事는 所以勸百工也오 送往迎來하며 嘉善而矜不能은 所以柔遠人也오 繼絶世하며 擧廢國하며 治亂持危하며 朝聘以時하며 厚往而薄來는 所以懷諸侯也니라 凡爲天下國家 有九經하니 所以行之者는 一也니라 凡事 豫則立하고 不豫則廢하나니 言前定則不跲하고 事前定則不困하고 行前定則不疚하고 道前定則不窮이니라 在下位하여 不獲乎上이면 民不可得而治矣리라 獲乎上이 有道 하니 不信乎朋友면 不獲乎上矣리라 信乎朋友 有道하니 不順乎親이면 不信乎朋友矣리라 順乎親이 有道하니 反諸身不誠이면 不順乎親矣리라 誠身이 有道하니 不明乎善이면 不誠乎身矣리라 誠者는 天之道也오 誠之者는 人之道也니 誠者는 不勉而中하며 不思而得하여 從容中道하나니 聖人也오 誠之者는 擇善而固執之者也니라

博學之하며 審問之하며 愼思之하며 明辨之하며 篤行之니라 有弗學이언정 學之인댄 弗能을 弗措也하며 有弗問언정 問之인댄 弗知를 弗措也하며 有弗思이언정 思之인댄 弗得을 弗措也하며 有弗辨이언정 辨之인댄 弗明을 弗措也하며 有弗行이언정 行之인댄 弗篤을 弗措也하여 人一能之어든 己百之하며 人十能之어든 己千之니라 果能此道矣면 雖愚나 必明하며 雖柔나 必强이니라

〈21〉第 二十一 章

自誠明을 謂之性이오 自明誠을 謂之敎니 誠則明矣오 明則誠矣니라

〈22〉第 二十二 章

惟天下至誠이아 爲能盡其性이니 能盡其性則能盡人之性이오 能盡人之性則能盡物之性이오 能盡物之性則可以贊天地之化育이오 可以贊天地之化育則可以與天地參矣니라

〈23〉第 二十三 章

其次는 致曲이요 曲能有誠이니 誠則形하고 形則著하고 著則明하고 明則動하고 動則變하고 變則化니 唯天下至誠이아 爲能化니라

〈24〉第 二十四 章

至誠之道는 可以前知니 國家將興에 必有禎祥하며 國家將亡에 必有

妖孼하여 見乎蓍龜하며 動乎四體라 禍福將至에 善을 必先知之하며 不善을 必先知之니 故로 至誠은 如神이니라

〈25〉第 二十五 章

誠者는 自成也오 而道는 自道也니라 誠者는 物之終始니 不誠이면 無物이니 是故로 君子는 誠之爲貴니라 誠者는 非自成己而已也라 所以成物也니 成己는 仁也오 成物은 知也니 性之德也라 合外內之道也니 故로 時措之宜也니라

〈26〉第 二十六 章

故로 至誠은 無息이니 不息則久하고 久則徵하고 徵則悠遠하고 悠遠則博厚하고 博厚則高明이니라
博厚는 所以載物也오 高明은 所以覆物也오 悠久는 所以成物也니라 博厚는 配地하고 高明은 配天하고 悠久는 無疆이니라 如此者는 不見而章하며 不動而變하며 無爲而成이니라 天地之道는 可一言而盡也니 其爲物이 不貳라 則其生物이 不測이니라 天地之道는 博也요 厚也요 高也요 明也오 悠也요 久也니라 今夫天이 斯昭昭之多니 及其無窮也하여는 日月星辰이 繫焉하며 萬物이 覆焉이니라 今夫地 一撮土之多니 及其廣厚하여는 載華嶽而不重하며 振河海而不洩하며 萬物이 載焉이니라 今夫山이 一卷石之多니 及其廣大하여는 草木이 生之하며 禽獸 居之하며 寶藏이 興焉이니라 今夫水 一勺之多니 及其不測하여는 黿鼉蛟龍魚鼈이 生焉하며 貨財 殖焉이니라 詩에 云 維天之命이 於穆不已라하고 蓋曰 天之所以爲天也오 於乎不顯 文王之德之純이여하니 蓋曰 文王之所以爲文也니 純亦不已니라

〈27〉 第 二十七 章

大哉라 聖人之道여 洋洋乎發育萬物하여 峻極于天이로다 優優大哉라 禮儀三百과 威儀三千이로다 待其人而後에 行이니라 故로 曰 苟不至德이면 至道 不凝焉이라하니라 故로 君子는 尊德性而道問學이니 致廣大而盡精微하며 極高明而道中庸하며 溫故而知新하며 敦厚以崇禮니라 是故로 居上不驕하며 爲下不倍라 國有道에 其言이 足以興이오 國無道에 其黙이 足以容이니 詩에 曰 旣明且哲하여 以保其身이라하니 其此之謂與인저

〈28〉 第 二十八 章

子曰 愚而好自用하며 賤而好自專이오 生乎今之世하여 反古之道면 如此者는 災及其身者也니라 非天子면 不議禮하며 不制度하며 不考文이니라 今天下 車同軌하며 書同文하며 行同倫이니라 雖有其位나 苟無其德이면 不敢作禮樂焉이며 雖要其德이나 苟無其位면 亦不敢作禮樂焉이니라 子 曰 吾說夏禮나 杞不足徵也오 吾學殷禮호니 有宋이 存焉이어니와 吾學周禮하니 今用之라 吾從周하리라

〈29〉 第 二十九 章

王天下 有三重焉이니 其寡過矣乎인저 上焉者는 雖善이나 無徵이니 無徵이면 不信이오 不信이면民弗從이니라 下焉者는 雖善이나 不尊이니 不尊이면 不信이오 不信이면 民弗從이니라 故로 君子之道는 本諸身하여 徵諸庶民하며 考諸三王而不謬하며 建諸天地而不悖하며 質諸鬼神而無疑하여 百世以俟聖人而不惑이니라 質諸鬼神而無疑는 知天也오 百世以

俟聖而而不惑은 知人也라 是故로 君子는 動而世爲天下道니 行而世爲天下法하며 言而世爲天下則이라 遠之則有望이오 近之則不厭이니라 詩에 曰 在彼無惡하며 在此無射이라 庶幾夙夜하며 以永終譽라하니 君子 未有不如此而蚤有譽於天下者也니라

〈30〉第 三十 章

仲尼는 祖述堯舜하시고 憲章文武하시며 上律天時하시고 下襲水土하시니라 辟如天地之無不持載하며 無不覆幬하며 辟如四時之錯行하며 如日月之代明이니라 萬物이 竝育而不相害하며 道 竝行而不相悖라 小德은 川流오 大德은 敦化니 此 天地之所以爲大也니라

〈31〉第 三十一 章

唯天下至聖이라 爲能聰明睿知 足以有臨也니 寬裕溫柔 足以有容也며 發强剛毅 足以有執也며 齊莊中正이 足以有敬也며 文理密察이 足以有別也니라 溥博淵泉하여 而時出니라 溥博은 如天하고 淵泉은 如淵이라 見而民莫不敬하며 言而民莫不信하며 行而民莫不說이니라 是以로 聲名이 洋溢乎中國하여 施及蠻貊하여 舟車所至와 人力所通과 天之所覆과 地之所載와 日月所照와 霜露所隊에 凡有血氣者 莫不尊親하니 故로 曰 配天이니라

〈32〉第 三十二 章

唯天下至誠이아 爲能經綸天下之大經하며 立天下之大本하며 知天地

之化育이니 夫焉有所倚리오 肫肫其仁이며 淵淵其淵이며 浩浩其天이니라 苟不固聰明聖知達天德者면 其孰能知之리오

〈33〉第三十三章

詩에 曰 衣錦尙絅이라하니 惡其文之著也라 故로 君子之道는 闇然而日章하고 小人之道는 的然而日亡하나니 君子之道는 淡而不厭하며 簡而文하며 溫而理니 知遠之近하며 知風之自하며 知微之顯이면 可與入德矣리라 詩에 云 潛雖伏矣나 亦孔之昭라하니 故로 君子는 內省不疚하며 無惡於志니 君子之所不可及者는 其唯人之所不見乎인저 詩에 云 相在爾室하되 尙不愧于屋漏라하니 故로 君子는 不動而敬하며 不言而信이니라 詩에 曰 奏假無言하여 時靡有爭이라하니 是故로 君子는 不賞而民勸하며 不怒而民威於鈇鉞이니라 詩에 曰 不顯惟德을 百辟其刑之라하니 是故로 君子는 篤恭而天下平이니라 詩에 云 予懷明德의 不大聲以色이라하여는 子 曰 聲色之於以化民에 末也라하시니라 詩에 曰 德輶如毛라하니 毛猶有倫이어니와 上天之載 無聲無臭아 至矣니라

충양

부록 II

≪중용≫ 원문

부록 Ⅱ

《중용中庸》 원문

1. 第一章

天命之謂性, 率性之謂道, 脩道之謂敎.

道也者, 不可須臾離也, 可離非道也. 是故君子戒愼乎其所不睹, 恐懼乎其所不聞.

莫見乎隱, 莫顯乎微, 故君子愼其獨也.

喜怒哀樂之未發, 謂之中; 發而皆中節, 謂之和. 中也者, 天下之大本也; 和也者, 天下之達道也.

致中和, 天地位焉, 萬物育焉.

2. 第二章

仲尼曰:「君子中庸, 小人反中庸. 君子之中庸也, 君子而時中; 小人之中

庸也, 小人而無忌憚也.」

3. 第三章

子曰:「中庸其至矣乎! 民鮮能久矣!」

4. 第四章

子曰:「道之不行也, 我知之矣. 知者過之, 愚者不及也; 道之不明也, 我知之矣. 賢者過之, 不肖者不及也. 人莫不飮食也, 鮮能知味也.」

5. 第五章

子曰:「道其不行矣夫!」

6. 第六章

子曰:「舜其大知也與! 舜好問而好察邇言, 隱惡而揚善, 執其兩端, 用其中於民, 其斯以爲舜乎!」

7. 第七章

子曰:「人皆曰予知, 驅而納諸罟擭陷阱之中, 而莫之知辟也. 人皆曰予知, 擇乎中庸而不能期月守也.」

8. 第八章

子曰:「回之爲人也, 擇乎中庸, 得一善, 則拳拳服膺而弗失之矣.」

9. 第九章

子曰:「天下國家, 可均也; 爵祿, 可辭也; 白刃, 可蹈也; 中庸, 不可能也.」

10. 第十章

子路問强.

子曰:「南方之强與? 北方之强與? 抑而强與? 寬柔以敎, 不報無道, 南方之强也, 君子居之. 衽金革, 死而不厭, 北方之强也, 而强者居之. 故君子和而不流, 强哉矯! 中立而不倚, 强哉矯! 國有道, 不變塞焉, 强哉矯! 國無道, 至死不變, 强哉矯!」

11. 第十一章

子曰:「素隱行怪, 後世有述焉, 吾弗爲之矣. 君子遵道而行, 半塗而廢, 吾弗能已矣. 君子依乎中庸, 遯世不見知而不悔, 唯聖者能之.」

12. 第十二章

君子之道費而隱.

夫婦之愚, 可以與知焉, 及其至也, 雖聖人亦有所不知焉; 夫婦之不肖, 可以能行焉, 及其至也, 雖聖人亦有所不能焉, 天地之大也, 人猶有所憾. 故君子語大, 天下莫能載焉; 語小, 天下莫能破焉.

詩云:「鳶飛戾天, 魚躍于淵.」言其上下察也.

君子之道, 造端乎夫婦, 及其至也, 察乎天地.

13. 第十三章

子曰:「道不遠人. 人之爲道而遠人, 不可以爲道. 詩云:『伐柯伐柯, 其則

不遠.」執柯以伐柯, 睨而視之, 猶以爲遠. 故君子以人治人, 改而止. 忠恕違道不遠, 施諸己而不願, 亦勿施於人. 君子之道四, 丘未能一焉: 所求乎子, 以事父未能也; 所求乎臣, 以事君未能也; 所求乎弟, 以事兄未能也; 所求乎朋友, 先施之未能也. 庸德之行, 庸言之謹, 有所不足, 不敢不勉, 有餘不敢盡; 言顧行, 行顧言, 君子胡不慥慥爾!」

14. 第十四章

君子素其位而行, 不願乎其外.

素富貴, 行乎富貴; 素貧賤, 行乎貧賤; 素夷狄, 行乎夷狄; 素患難, 行乎患難; 君子無入而不自得焉.

在上位不陵下, 在下位不援上, 正己而不求於人則無怨. 上不怨天, 下不尤人. 故君子居易以俟命, 小人行險以徼幸.

子曰:「射有似乎君子; 失諸正鵠, 反求諸其身.」

15. 第十五章

君子之道, 辟如行遠必自邇, 辟如登高必自卑.

詩曰:「妻子好合, 如鼓瑟琴; 兄弟旣翕, 和樂且耽; 宜爾室家, 樂爾妻帑.」
子曰:「父母其順矣乎!」

16. 第十六章

子曰:「鬼神之爲德, 其盛矣乎! 視之而弗見, 聽之而弗聞, 體物而不可遺. 使天下之人, 齊明盛服, 以承祭祀. 洋洋乎! 如在其上, 如在其左右. 詩曰: 『神之格思, 不可度思! 矧可射思!』夫微之顯, 誠之不可揜如此夫.」

17. 第十七章

子曰:「舜其大孝也與! 德爲聖人, 尊爲天子, 富有四海之内. 宗廟饗之, 子孫保之. 故大德必得其位, 必得其祿, 必得其名, 必得其壽. 故天之生物, 必因其材而篤焉. 故栽者培之, 傾者覆之. 詩曰:『嘉樂君子, 憲憲令德! 宜民宜人, 受祿于天. 保佑命之, 自天申之!』故大德者 必受命.」

18. 第十八章

子曰:「無憂者其惟文王乎! 以王季爲父, 以武王爲子, 父作之, 子述之. 武王纘大王・王季・文王之緒. 壹戎衣而有天下, 身不失天下之顯名. 尊爲天子, 富有四海之内. 宗廟饗之, 子孫保之. 武王末受命, 周公成文武之德, 追王大王・王季, 上祀先公以天子之禮. 斯禮也, 達乎諸侯大夫, 及士庶人. 父爲大夫, 子爲士; 葬以大夫, 祭以士. 父爲士, 子爲大夫; 葬以士, 祭以大夫. 期之喪達乎大夫, 三年之喪達乎天子, 父母之喪無貴賤一也.」

19. 第十九章

子曰:「武王・周公, 其達孝矣乎! 夫孝者: 善繼人之志, 善述人之事者也. 春秋脩其祖廟, 陳其宗器, 設其裳衣, 薦其時食. 宗廟之禮, 所以序昭穆也; 序爵, 所以辨貴賤也; 序事, 所以辨賢也; 旅酬下爲上, 所以逮賤也; 燕毛, 所以序齒也. 踐其位, 行其禮, 奏其樂, 敬其所尊, 愛其所親, 事死如事生, 事亡如事存, 孝之至也. 郊社之禮, 所以事上帝也; 宗廟之禮, 所以祀乎其先也. 明乎郊社之禮・禘嘗之義, 治國其如示諸掌乎.」

20. 第二十章

哀公問政.

子曰:「文武之政, 布在方策. 其人存, 則其政舉; 其人亡, 則其政息. 人道

敏政, 地道敏樹. 夫政也者, 蒲盧也. 故爲政在人, 取人以身, 脩身以道, 脩道以仁. 仁者人也, 親親爲大; 義者宜也, 尊賢爲大; 親親之殺, 尊賢之等, 禮所生也. 在下位不獲乎上, 民不可得而治矣! 故君子不可以不脩身; 思脩身, 不可以不事親; 思事親, 不可以不知人; 思知人, 不可以不知天.」

天下之達道五, 所以行之者三: 曰君臣也, 父子也, 夫婦也, 昆弟也, 朋友之交也: 五者天下之達道也. 知・仁・勇三者, 天下之達德也, 所以行之者一也.

或生而知之, 或學而知之, 或困而知之, 及其知之一也; 或安而行之, 或利而行之, 或勉强而行之, 及其成功一也.

子曰:「好學近乎知, 力行近乎仁, 知恥近乎勇. 知斯三者, 則知所以脩身; 知所以脩身, 則知所以治人; 知所以治人, 則知所以治天下國家矣.」

凡爲天下國家有九經, 曰: 脩身也, 尊賢也, 親親也, 敬大臣也, 體羣臣也, 子庶民也, 來百工也, 柔遠人也, 懷諸侯也.

脩身則道立, 尊賢則不惑, 親親則諸父昆弟不怨, 敬大臣則不眩, 體羣臣則士之報禮重, 子庶民則百姓勸, 來百工則財用足, 柔遠人則四方歸之, 懷諸侯則天下畏之.

齊明盛服, 非禮不動, 所以脩身也; 去讒遠色, 賤貨而貴德, 所以勸賢也; 尊其位, 重其祿, 同其好惡, 所以勸親親也; 官盛任使, 所以勸大臣也; 忠信重祿, 所以勸士也; 時使薄斂, 所以勸百姓也; 日省月試, 旣禀稱事, 所以勸百工也; 送往迎來, 嘉善而矜不能, 所以柔遠人也; 繼絶世, 舉廢國, 治亂持危, 朝聘以時, 厚往而薄來, 所以懷諸侯也. 凡爲天下國家有九經, 所以行之者一也.

凡事豫則立, 不豫則廢. 言前定則不跲, 事前定則不困, 行前定則不疚, 道前定則不窮.

在下位不獲乎上, 民不可得而治矣; 獲乎上有道: 不信乎朋友, 不獲乎上矣; 信乎朋友有道: 不順乎親, 不信乎朋友矣; 順乎親有道: 反諸身不誠,

不順乎親矣; 誠身有道: 不明乎善, 不誠乎身矣.

誠者, 天之道也; 誠之者, 人之道也. 誠者, 不勉而中, 不思而得, 從容中道, 聖人也; 誠之者, 擇善而固執之者也.

博學之, 審問之, 愼思之, 明辨之, 篤行之.

有弗學, 學之弗能弗措也; 有弗問, 問之弗知弗措也; 有弗思, 思之弗得弗措也; 有弗辨, 辨之弗明弗措也; 有弗行, 行之弗篤弗措也; 人一能之, 己百之; 人十能之, 己千之.

果能此道矣, 雖愚必明, 雖柔必强.

21. 第二十一章

自誠明, 謂之性; 自明誠, 謂之敎. 誠則明矣, 明則誠矣.

22. 第二十二章

唯天下至誠, 爲能盡其性; 能盡其性, 則能盡人之性; 能盡人之性, 則能盡物之性; 能盡物之性, 則可以贊天地之化育; 可以贊天地之化育, 則可以與天地參矣.

23. 第二十三章

其次致曲, 曲能有誠, 誠則形, 形則著, 著則明, 明則動, 動則變, 變則化, 唯天下至誠爲能化.

24. 第二十四章

至誠之道, 可以前知. 國家將興, 必有禎祥; 國家將亡, 必有妖孽; 見乎蓍龜, 動乎四體. 禍福將至: 善, 必先知之; 不善, 必先知之. 故至誠如神.

25. 第二十五章

誠者自成也, 而道自道也.

誠者物之終始, 不誠無物. 是故君子誠之爲貴.

誠者非自成己而已也, 所以成物也. 成己, 仁也; 成物, 知也. 性之德也, 合外內之道也. 故時措之宜也.

26. 第二十六章

故至誠無息. 不息則久, 久則徵, 徵則悠遠, 悠遠則博厚, 博厚則高明. 博厚, 所以載物也; 高明, 所以覆物也; 悠久, 所以成物也.

博厚配地, 高明配天, 悠久無疆.

如此者, 不見而章, 不動而變, 無爲而成.

天地之道, 可一言而盡也: 其爲物不貳, 則其生物不測.

天地之道: 博也, 厚也, 高也, 明也, 悠也, 久也.

今夫天, 斯昭昭之多, 及其無窮也, 日月星辰繫焉, 萬物覆焉. 今夫地, 一撮土之多, 及其廣厚, 載華嶽而不重, 振河海而不洩, 萬物載焉. 今夫山, 一卷石之多, 及其廣大, 草木生之, 禽獸居之, 寶藏興焉. 今夫水, 一勺之多, 及其不測, 黿鼉・蛟龍・魚鱉生焉, 貨財殖焉.

詩云:「維天之命, 於穆不已!」蓋曰天之所以爲天也.「於乎不顯! 文王之德之純!」蓋曰文王之所以爲文也, 純亦不已.

27. 第二十七章

大哉! 聖人之道! 洋洋乎! 發育萬物, 峻極于天. 優優大哉! 禮儀三百, 威儀三千. 待其人而後行.

故曰:「苟不至德, 至道不凝焉.」

故君子尊德性而道問學, 致廣大而盡精微, 極高明而道中庸. 溫故而

知新, 敦厚以崇禮.

是故居上不驕, 爲下不倍. 國有道, 其言足以興; 國無道, 其默足以容. 詩曰:「旣明且哲, 以保其身.」其此之謂與!

28. 第二十八章

子曰:「愚而好自用, 賤而好自專, 生乎今之世, 反古之道. 如此者, 烖及其身者也.」

非天子, 不議禮, 不制度, 不考文.

今天下車同軌, 書同文, 行同倫. 雖有其位, 苟無其德, 不敢作禮樂焉; 雖有其德, 苟無其位, 亦不敢作禮樂焉.

子曰:「吾說夏禮, 杞不足徵也; 吾學殷禮, 有宋存焉; 吾學周禮, 今用之, 吾從周.」

29. 第二十九章

王天下有三重焉, 其寡過矣乎!

上焉者雖善無徵, 無徵不信, 不信民弗從; 下焉者雖善不尊, 不尊不信, 不信民弗從.

故君子之道: 本諸身, 徵諸庶民, 考諸三王而不繆, 建諸天地而不悖, 質諸鬼神而無疑, 百世以俟聖人而不惑.

質諸鬼神而無疑, 知天也; 百世以俟聖人而不惑, 知人也.

是故君子動而世爲天下道, 行而世爲天下法, 言而世爲天下則. 遠之則有望, 近之則不厭.

詩曰:『在彼無惡, 在此無射; 庶幾夙夜, 以永終譽!』君子未有不如此而蚤有譽於天下者也.

30. 第三十章

仲尼祖述堯舜, 憲章文武; 上律天時, 下襲水土.

辟如天地之無不持載, 無不覆幬, 辟如四時之錯行, 如日月之代明.

萬物並育而不相害, 道並行而不相悖, 小德川流, 大德敦化, 此天地之所以爲大也.

31. 第三十一章

唯天下至聖, 爲能聰明睿知, 足以有臨也; 寬裕溫柔, 足以有容也; 發强剛毅, 足以有執也; 齊莊中正, 足以有敬也; 文理密察, 足以有別也.

溥博淵泉, 而時出之. 溥博如天, 淵泉如淵. 見而民莫不敬, 言而民莫不信, 行而民莫不說.

是以聲名洋溢乎中國, 施及蠻貊; 舟車所至, 人力所通; 天之所覆, 地之所載, 日月所照, 霜露所隊; 凡有血氣者, 莫不尊親, 故曰配天.

32. 第三十二章

唯天下至誠, 爲能經綸天下之大經, 立天下之大本, 知天地之化育. 夫焉有所倚? 肫肫其仁! 淵淵其淵! 浩浩其天!

苟不固聰明聖知達天德者, 其孰能知之?

33. 第三十三章

詩曰:「衣錦尙絅」, 惡其文之著也. 故君子之道, 闇然而日章; 小人之道, 的然而日亡. 君子之道: 淡而不厭, 簡而文, 溫而理, 知遠之近, 知風之自, 知微之顯, 可與入德矣.

詩云:「潛雖伏矣, 亦孔之昭!」故君子內省不疚, 無惡於志. 君子之所不可及者, 其唯人之所不見乎!

詩云:「相在爾室, 尙不愧于屋漏.」故君子不動而敬, 不言而信.
詩曰:「奏假無言, 時靡有爭.」是故君子不賞而民勸, 不怒而民威於鈇鉞.
詩曰:「不顯惟德! 百辟其刑之.」是故君子篤恭而天下平.
詩云:「予懷明德, 不大聲以色.」子曰:「聲色之於以化民, 末也.」
詩云:「德輶如毛」, 毛猶有倫,「上天之載, 無聲無臭」, 至矣!

임동석(茁浦 林東錫)

慶北 榮州 上茁에서 출생. 忠北 丹陽 德尙골에서 성장. 丹陽初中 졸업. 京東高 서울敎大 國際大 建國大 대학원 졸업. 雨田 辛鎬烈 선생에게 漢學 배움. 臺灣 國立臺灣師範大學 國文硏究所(大學院) 博士班 졸업. 中華民國 國家文學博士(1983). 建國大學校 敎授. 文科大學長 역임. 成均館大 延世大 高麗大 外國語大 서울대 등 大學院 강의. 韓國中國言語學會 中國語文學硏究會 韓國中語中文學會 會長 역임. 저서에《朝鮮譯學考》(中文)《中國學術槪論》《中韓對比語文論》. 편역서에《수레를 밀기 위해 내린 사람들》《栗谷先生詩文選》. 역서에《漢語音韻學講義》《廣開土王碑硏究》《東北民族源流》《龍鳳文化源流》《論語心得》〈漢語雙聲疊韻硏究〉등 학술 논문 50여 편.

임동석중국사상100

중용中庸

朱熹 集註 / 林東錫 譯註

1판 1쇄 발행/2009년 12월 12일
2쇄 발행/2012년 8월 1일
발행인 고정일
발행처 동서문화사
창업 1956. 12. 12. 등록 16-3799
서울강남구신사동563-10 ☎546-0331~6 (FAX)545-0331
www.dongsuhbook.com
잘못 만들어진 책은 바꾸어 드립니다.

*

이 책의 출판권은 동서문화사가 소유합니다.
의장권 제호권 편집권은 저작권 법에 의해 보호를 받는 출판물이므로 무단전재와 무단복제를 금합니다.
이 책의 일부 또는 전부 이용하려면 저자와 출판사의 서면허락을 받아야 합니다.

*

사업자등록번호 211-87-75330
ISBN 978-89-497-0551-4   04080
ISBN 978-89-497-0542-2   (세트)